Beltz Taschenbuch 877

STEP Elterntraining stammt aus den USA und ist dort führend unter mehr als 500 Elterntrainings. Das STEP Konzept basiert auf den Forschungsergebnissen der Individualpsychologen Alfred Adler und Rudolf Dreikurs und wurde von den Familientherapeuten Don Dinkmeyer Sr. Ph.D., Gary D. McKay Ph.D. und Don Dinkmeyer Jr. Ph. D. als systematisches Training entwickelt.

Das STEP Konzept:

☞ Physische, emotionale und soziale Entwicklung verstehen:
STEP hilft uns, das Verhalten unserer Kleinen in verschiedenen Entwicklungsphasen zu verstehen und den Einfluss unserer Erwartungen und unseres Vorbilds zu erkennen.

☞ Perspektive ändern:
STEP hilft uns, das Verhalten kleiner Kinder aus einer neuen Perspektive zu sehen, wodurch wir bewusst anders als erwartet reagieren können. Indem wir Respekt und Liebe zeigen, gehen wir mit gutem Beispiel voran und bringen unseren Kindern Respekt bei.

☞ Ermutigung leisten:
STEP hilft uns, durch Ermutigung die Stärken kleiner Kinder zu fördern und ihre Bemühungen anzuerkennen. Auf diese Weise unterstützen wir sie von Anfang an ein gesundes Selbstbewusstsein zu entwickeln.

☞ Kommunizieren lernen:
STEP hilft uns, durch »aktives Zuhören« mit kleinen Kindern über Gefühle und Probleme so zu sprechen, dass sie sich verstanden fühlen. Durch »Ich-Aussagen« lernen wir, uns so auszudrücken, dass auch unsere Kleinsten uns verstehen.

☞ Kooperation beibringen:
STEP hilft uns, bereits mit Babys und sehr kleinen Kindern zu kooperieren.

☞ Disziplin sinnvoll ausüben:
STEP hilft uns, Disziplin als Lernprozess und als Erziehung zur Selbstdisziplin zu sehen. Wir erlauben unseren Kleinen aus den Folgen ihrer Entscheidungen zu lernen – innerhalb der Grenzen, die wir gesetzt haben.

Die Autoren:

Dr. Don Dinkmeyer Sr., Autor innovativer und erfolgreicher Trainingsprogramme für Eltern, mehr als 20 Bücher und über 100 Zeitschriftenartikel.

Dr. Gary McKay und *Joyce L. Mc. Kay*, approbierte Psychologen. Zahlreiche Veröffentlichungen auf dem Gebiet der Erziehungsberatung.

Dr. Don Dinkmeyer Jr., Professor (Em.) an der Western Kentucky University, ehemals Präsident der Nordamerikanischen Gesellschaft für Adlerianische Psychologie, Autor zahlreicher Bücher auf dem Gebiet der Beratung und Therapie.

James Dinkmeyer, IP-Berater in eigener Praxis, ist seit über 30 Jahren STEP Trainer für Gruppen von Eltern.

Die Herausgeberinnen:

Trudi Kühn hat nach ihrer pädagogisch-philologischen Hochschulausbildung an einem Gymnasium in Hamburg unterrichtet, viele Jahre in London gelebt und Fortbildungen, insbesondere in der Humanistischen Psychologie absolviert sowie als Trainerin für Verhandlungsführung gearbeitet. Sie ist verheiratet, hat zwei erwachsene Kinder und lebt in Düsseldorf.

Roxana Petcov ist Sprachwissenschaftlerin und hat sich im individualpsychologischen Bereich fortbilden lassen. Sie hat die Fremdsprachenabteilung eines Erwachsenenweiterbildungsinstituts geleitet und im Qualitätsmanagement gearbeitet. Sie ließ sich bei Dr. Don Dinkmeyer Jr. in den USA zur STEP Kursleiterin ausbilden. Sie ist verheiratet, Mutter zweier erwachsener Kinder und lebt in Düsseldorf.

Don Dinkmeyer Sr. · Gary D. McKay ·
James S. Dinkmeyer · Don Dinkmeyer Jr. ·
Joyce L. McKay

STEP
Das Elternbuch
Die ersten 6 Jahre

Herausgegeben von
Trudi Kühn · Roxana Petcov

Aus dem Amerikanischen von
Trudi Kühn und Roxana Petcov

Mit Illustrationen von John Bush

Dieses Buch ist erhältlich als:
ISBN 978-3-407-22877-2 Print
ISBN 978-3-407-86605-9 E-Book (EPUB)

12. Auflage 2022

© 2004, 2019 im Beltz Verlag
in der Verlagsgruppe Beltz • Weinheim Basel
Werderstraße 10, 69469 Weinheim
Alle Rechte vorbehalten

Titel der Originalausgabe: Parenting Young Children, Systematic Training for Effective Parenting (STEP) of Children Under Six by Don Dinkmeyer Sr., Gary D. McKay, James S. Dinkmeyer, Don Dinkmeyer Jr., Joyce L. McKay,
Published by AGS® American Guidance Service, Inc.
All rights reserved. Communication and Motivation Training Institute, Inc. (CMTI) of Coral Springs, Florida und Communication and Motivation Training Institute, Inc. (CMTI-West) of Tucson, Arizona. The rights to this work have been transferred to STEP Publishers, LLC of Bowling Green, Kentucky; www.STEPPublishers.com

Umschlaggestaltung: Federico Luci, Odenthal unter Verwendung des Logos von InSTEP® Weiterbildungsinstitut, Düsseldorf
Bildnachweis: © Adobe Stock, famveldman

Satz: WMTP, Birkenau
Gesamtherstellung: Beltz Grafische Betriebe Bad Langensalza
Printed in Germany

Weitere Informationen zu unseren Autor_innen und Titeln finden Sie unter: www.beltz.de

Inhaltsverzeichnis

Zum Geleit

Es gibt kaum etwas Schöneres, als das Wachsen und die Entwicklung eines Kindes zu beobachten. Für das Kind selbst ist dieser Prozess kompliziert; die schwierigste Aufgabe ist dabei nicht das Erlernen intellektueller Fähigkeiten wie Sprache, Farben erkennen oder Rechnen, sondern die Erlangung der sozialen Kompetenz.

Die Entfaltung einer Persönlichkeit mit Merkmalen wie Fairness, Zuverlässigkeit, Kommunikationsfähigkeit, Teamfähigkeit, Selbstbewusstsein, Freude am Lernen und Interesse an anderen Menschen ist jedoch notwendige Voraussetzung für das Funktionieren in einer menschlichen Gesellschaft ebenso wie für die erfolgreiche Anwendung von schulischem und beruflichem Wissen.

Die Entwicklung charakterlicher Eigenschaften muss am Anfang des Lebens geschehen. Sie ist schwierig und mühevoll und alles andere als eine Selbstverständlichkeit. Die Häufigkeit von Partnerschaftsproblematiken oder von atmosphärischen Störungen am Arbeitsplatz belegen dies. Sie sind viel häufiger Folgen persönlichkeitsbedingter Probleme als sach- und fachbezogener Versagenssituationen. Die Folge von Erziehungsproblemen zeigt sich unter anderem auch in der immer größer werdenden Zahl von Kindern mit nichtorganischen Beschwerden wie Bauchschmerzen, Kopfschmerzen, Konzentrationsstörungen, Ess- oder Schlafstörungen.

Eine reife und abgerundete Persönlichkeit entsteht nur unter guten Bedingungen und nur mit Hilfe einer Bezugsperson, die die Bedeutung ihrer eigenen Aufgabe versteht, annimmt und bereit ist, Zeit, Kraft und Hingabe in die Erziehung zu investieren. Der gute Wille auch der besten Eltern stößt dabei aber immer wieder an Grenzen. Das Kind reagiert unverständlich oder emotional und hat die deutlich besseren Nerven, wenn es zur Kraftprobe kommt. Es erfüllt nicht die Erwartungen oder überrascht mit unerwarteten Improvisationen. Moderne Eltern wissen, dass man ein Kind nicht dressieren darf, dass es die Integration in unsere hochtechnisierte und restriktive Gesellschaft aber lernen muss. Dabei sind sie bei allem guten Willen oft überfordert.

Das vorliegende STEP Elternbuch wendet sich an Eltern von kleinen Kindern unter sechs Jahren, ist also für die Lebensphase gedacht, die die kritischste für die soziale und charakterliche Entwicklung eines Kindes ist. Dieses Buch vertritt Prinzipien, die aus der Individualpsychologie entstanden sind. Sie stellen keine neue Glaubensrichtung und kein pädagogisches Extrem dar, eher die Anwendung des gesunden Menschenverstandes auf den Umgang mit Kindern und auf ihre Erziehung.

Das Buch hilft, kleine Kinder in ihren Entwicklungsphasen zu verstehen, und schafft damit die Voraussetzung für den richtigen Umgang und für die Anwendung von Erziehungsprinzipien, die dem Kind helfen, ohne es zu drillen. Inhaltliche Merkmale sind Verständnis für Entwicklungsphasen, aber auch für »Fehlverhalten«, Schaffung von Selbstbewusstsein, Umgang auf der Sachebene, Konsequenz, soziales Verhalten. Durch Beispiele und Erklärung der normalen Entwicklung und ihrer Varianten ist das Buch leicht verständlich und hilft, den Bezug zum eigenen Kind herzustellen. Ich wünsche mir, dass möglichst viele Eltern durch dieses Buch und die Teilnahme an dem darauf basierenden STEP Elternkurs Freude an der Erziehung bekommen und möglichst viele Kinder dadurch zu selbstbewussten und lebensfrohen Erwachsenen heranwachsen.

Professor Dr. Christian Rieger
ehem. Direktor der Klinik für Kinder- und Jugendmedizin
der Ruhr-Universität Bochum, St. Josef-Hospital,
Vorstand der Stiftung Kinderzentrum Ruhrgebiet

Vorwort der Herausgeberinnen

Alle Eltern wollen das Beste für ihre Kinder.

Viele von uns stehen aber im Alltag mit unseren kleinen Kindern vor zahlreichen Fragen, die uns verunsichern und uns manchmal hilflos fühlen lassen: Wie gehen wir mit dem Verhalten unserer Kinder in den unterschiedlichen Entwicklungsphasen richtig um? Wo, wann und wie setzen wir Grenzen? Wie können wir die Stärken unserer Kinder fördern? Müssen wir alle Probleme im Leben unserer Kinder lösen? Wie bringen wir unseren Kindern Selbstbewusstsein, soziale Kompetenz und Verantwortungsgefühl bei? Und nicht zuletzt: Was wollen wir mit unserer Erziehung langfristig erreichen?

Das **STEP** Elternbuch »Die ersten sechs Jahre« gibt Antworten auf all diese Fragen und damit Eltern von kleinen Kindern Halt und praktische Unterstützung.

STEP (Systematic Training for Effective Parenting – Systematisches Training für Eltern und Pädagogen) gibt es in den USA seit 1976 (seitdem mehrfach revidiert). Es ist führend unter mehr als 500 verschiedenen Programmen. Die Wirksamkeit von STEP wurde bei 4 Mio. Eltern aller Gesellschaftsschichten und durch 61 Studien in den USA erwiesen. In Deutschland förderte das **Bundesministerium für Bildung und Forschung** die Evaluation im Rahmen der Präventionsforschung. **Prof. Dr. Klaus Hurrelmann** von der Fakultät für Erziehungs- und Gesundheitswissenschaften an der Universität Bielefeld führte die Evaluation durch.

Wir, die Herausgeberinnen der deutschen Ausgabe des STEP Programms, freuen uns, dass die Arbeit mit deutschsprachigen Eltern, die wir im Jahr 2000 angefangen haben, mit dieser Publikation fortgesetzt wird. Mit dem STEP Elternbuch für Eltern von Kindern bis sechs Jahre wurde ein wichtiger Schritt in Richtung Differenzierung der STEP Kurse nach Alter der Kinder gemacht.

Wir danken **Gabi Tepe,** PEKiP Referentin, Montessori-Pädagogin, Familienbegleiterin und zertifizierte STEP Kursleiterin aus Dinslaken, für ihre Anregungen hinsichtlich der Entwicklung kleiner Kinder.

Zahlreiche STEP Kurse für Eltern von Kindern bis sechs Jahre haben gezeigt, dass die Eltern dieses Angebot begeistert annehmen und glücklich sind, den Erfahrungsaustausch in einer speziellen Gruppe mit anderen Eltern von kleinen Kindern erleben zu können.

In diesen Kursen findet Präventionsarbeit in Reinform statt: Die Eltern haben die große Chance, schon ganz früh im Leben ihrer Kinder nicht nur herauszufinden, was das Beste für ihre Kinder ist und wie sie dieses Ziel erreichen, sondern auch den Antrieb, sofort mit der Umsetzung zu beginnen.

Teilnehmerinnen an STEP Kursen für Eltern von kleinen Kindern haben uns Folgendes mitgeteilt:

»STEP hat mir geholfen, mit meinen Kindern respektvoll umzugehen. Viele Konfliktsituationen lassen sich mit Humor, richtigem Zuhören und meinem geänderten Verhalten mit geringem Kraftaufwand lösen.«

Sabine Hammerschmidt, 3 Kinder, Düsseldorf

»Mit STEP habe ich gelernt, aus meinem gewohnten Reaktionsschema auszubrechen. Ich kann mich leichter in meine Kinder hineinversetzen und verstehe ihr Verhalten und ihr Handeln besser.«

Mutter von 2 Kindern (6, 9),
Bietigheim-Bissingen, Baden-Württemberg

»STEP hat mir geholfen, meinen Blick zu ändern. Ich habe meine Kinder und mich besser kennen und verstehen gelernt. Die Stimmung ist entspannter bei Fehlverhalten kann ich ruhiger reagieren.«

K.K., Gossau/CH, 3 Kinder

»Durch STEP habe ich gelernt, dass ich die Fehler, die ich mache, auch machen darf. An viele Situationen gehe ich lockerer heran, weil mir STEP gezeigt hat, wie ich sie beherrschen kann. Und dass es wichtiger ist, die Fähigkeiten, die die Kinder schon erlernt haben, anzuerkennen, als ihnen vorzuhalten, was sie noch nicht können.«

Carolin Freund, 3 Kinder, Duisburg

»Im Kurs konnten mein Mann und ich STEP im Austausch mit anderen Eltern unter erfahrener Anleitung ausprobieren und üben. Die Atmosphäre in unserer Familie hat sich verbessert und wir fühlen uns fitter, auch für die Herausforderungen der Pubertät.«

Sabine J., 2 Kinder, Hamburg

Alle Eltern, die sich für die Lektüre des vorliegenden Handbuchs entschieden haben und/oder gerne an einem STEP Elternkurs für die Erziehung von kleinen Kindern teilnehmen möchten, finden Informationen über das Kursangebot in Deutschland unter **www.instep-online.de**, Österreich unter **www.instep-online.at** und in der Schweiz unter **www.instep-online.ch**.

Auf den Websites haben Sie die Möglichkeit, sich über die Kursleiter/innen in Ihrer Region zu informieren und sich zu einem Kurs anzumelden. Die auf den Websites mit ihrem Profil und ihren Kursterminen vertretenden Kursleiter/innen sind **zertifiziert** und unterliegen den **Qualitätsanforderungen des InSTEP Trainernetzwerks.**

Die große Begeisterung der Eltern für die STEP Kurse stößt auf ebenso viel Enthusiasmus und Engagement bei den STEP Kursleiter/innen. Aus diesem Grund nehmen sich mehr und mehr Menschen aus psychologischen, pädagogischen, medizinischen und sozialen Berufen der Herausforderung an, die **Erziehungskompetenz** der Eltern durch STEP zu **stärken und ihre Verantwortungsbereitschaft zu fördern.**

Für Fragen und Kommentare steht Ihnen unsere Email-Adresse **mail@instep-online.de** zur Verfügung.

Trudi Kühn, Roxana Petcov
Düsseldorf, Februar 2019

11

Vorwort der Autoren

Eltern sein ist gleichzeitig eine Freude und eine Herausforderung. Kein Plan und keine Voraussicht können Sie umfassend auf die neue Welt vorbereiten, die Sie mit Ihrem ersten Kind betreten. Wenn das Baby auf die Welt gekommen ist, wird sich Ihr Leben für immer verändern. Sie bauen eine bedeutende Liebesbeziehung mit einem Ihnen unbekannten Menschen auf – und Sie gehen eine Verpflichtung für Ihr ganzes Leben mit jemandem ein, dem Sie gerade erst begegnet sind! In dieser Beziehung mit Ihrem Kind nehmen Sie eine neue Rolle an, die fast jeden Aspekt Ihres Lebens beeinflusst.

Während der ersten sechs Lebensjahre verändern sich Kinder schnell und auf dramatische Weise. Auch Eltern müssen sich ständig den neuen Herausforderungen anpassen! Wenn Sie es endlich geschafft haben, dass Ihr Baby die Nacht durchschläft, gibt es vielleicht das Schläfchen am Morgen auf und bringt dadurch Ihren ganzen Tagesplan durcheinander. Sie warten darauf, dass Ihr Kind krabbelt, und finden es in der folgenden Woche auf der Kommode. Das Kind ist empfindlich, wenn es zahnt, und beginnt die Zähne wieder zu verlieren, wenn sie kaum benutzt wurden. Die Lieblingsworte wechseln von »Mama« und »Papa« zu »Nein!«. Wenn Ihr Liebling dazu fähig ist, stellt er jeden Tag tausend Fragen.

Sie sind die ersten und einflussreichsten Lehrer/innen Ihrer Kinder. Indem Sie lernen, Ihrem Kind gegenüber flexibel und anpassungsfähig zu sein, entwickeln Sie auch Fähigkeiten, Ihr Kind, während es wächst und gedeiht, zu leiten, zu führen und zu ermutigen. Wenn Ihr Kind noch ein Baby ist und Sie es trösten, wenn es weint, beginnt es zu lernen, dass es geschätzt wird und dass Menschen vertrauenswürdig sind. Wenn Ihr Kind zwei Jahre alt ist und Sie mit ihm das Geschäft verlassen, wenn es brüllt und tritt, dann lernt es Grenzen kennen. Wenn Ihr Kind fünf oder sechs Jahre alt ist und Sie ihm helfen, Rad fahren zu lernen, lernt es Fertigkeiten, die es braucht, um Probleme zu lösen.

Darum geht es im STEP Elternbuch für die Erziehung kleiner Kinder bis sechs Jahre. Das Ziel des Handbuches und des darauf basierenden Kurses besteht darin, Ihnen als Eltern:

- ein Verständnis von langfristigen Erziehungszielen zu vermitteln,
- Informationen darüber zu geben, wie kleine Kinder denken, fühlen und handeln,
- einen Perspektivwechsel zu ermöglichen und praktische Fertigkeiten zu vermitteln, die Ihre Freude und Effektivität als Eltern steigern,
- Fertigkeiten an die Hand zu geben, die das Selbstbewusstsein und das Selbstvertrauen Ihres Kindes entwickeln können,
- Unterstützung sowohl für Ihre Erziehungsaufgabe als auch für Sie persönlich zu geben,
- wirksame Wege zu zeigen, wie Sie Ihren Kindern Kooperation und Selbstdisziplin beibringen können.

Die Prinzipien und Fertigkeiten, die Sie im vorliegenden STEP Elternbuch lernen, können Ihnen helfen, in Ihrer Rolle als Eltern mehr Selbstvertrauen zu entwickeln. Das Buch stellt den schlüssigen, positiven und demokratischen Ansatz des STEP Konzepts vor und bildet die Basis für den Elternkurs »Die ersten sechs Jahre«. In diesem Elternbuch werden die STEP Prinzipien (Haltung und Fertigkeiten) bei den besonderen Herausforderungen angewandt, die die Erziehung von Babys, Kleinkindern und Vorschulkindern an die Eltern stellt. Dieses Handbuch kann Sie in den ersten Jahren Ihrer Kinder begleiten und dabei unterstützen, den Grundstock für gesunde Wertvorstellungen, Überzeugungen und Verhaltensmuster bei Ihren kleinen Kindern zu legen: Als Basis für eine fortdauernd positive Entwicklung Ihrer Kinder und Ihrer Beziehung zu ihnen.

Es ist sicher richtig: Kleine Kinder zu erziehen, stellt eine wesentliche Herausforderung dar. Aber es ist eine Herausforderung, die gespickt ist mit Chancen, zahllose kleine und große Freuden und nachhaltige Zufriedenheit zu erfahren, sowohl für die Eltern als auch für die Kinder. Mit Hilfe dieses **STEP** Elternbuchs und sicherlich noch mehr durch den Besuch eines entsprechenden **STEP** Elternkurses können Sie diesen Herausforderungen – ebenso wie den Chancen – mit Zuversicht und Selbstvertrauen begegnen.

Don Dinkmeyer Sr.
Gary D. McKay
James S. Dinkmeyer
Don Dinkmeyer Jr.
Joyce L. McKay

Wir verstehen kleine Kinder

In diesem Kapitel werden Sie Folgendes lernen:

☞ Die Herausforderung – und die Chance – für Sie als Eltern besteht darin, selbstbewusste, respektvolle, selbstständige, verantwortungsbewusste, glückliche und kooperative Kinder zu erziehen.

☞ Kinder entwickeln sich in ihrem eigenen Tempo und erwerben neue Fertigkeiten, wenn sie so weit sind.

☞ Sie können Ihrem Kind helfen, positive Wertvorstellungen und Überzeugungen zu entwickeln.

☞ Spielen ist »Arbeit« für kleine Kinder.

☞ Ihre Aufgabe ist es, zu führen – nicht zu strafen oder zu viel Freiheit zu gewähren.

Als Eltern sind wir die wichtigsten Personen im Leben unseres kleinen Kindes. Wir wollen unser Kind zu einem respektvollen, selbstständigen, glücklichen, gesunden, selbstbewussten, kooperativen und verantwortungsbewussten Menschen erziehen.

Wir können der Herausforderung begegnen, die Kindererziehung an uns stellt, indem wir

✓ die Entwicklung und das Verhalten des Kindes in den einzelnen Phasen verstehen,

✓ lernen, unser Kind oft zu ermutigen,

✓ neue Möglichkeiten entdecken, unserem Kind zuzuhören und miteinander zu sprechen,

✓ wirkungsvolle und positive Möglichkeiten Disziplin auszuüben lernen.

Dieses STEP Elternbuch gibt uns Richtlinien an die Hand, dieser Herausforderung zu begegnen. Es enthält Informationen und Fertigkeiten, die uns dabei helfen. Wir werden über neue Perspektiven nachdenken und üben, nach diesen neuen Sichtweisen zu handeln. Indem wir das tun, wird unsere Erziehungskompetenz gestärkt. Und auch unser Selbstvertrauen wird wachsen!

Grundsätzlich gilt: Jedes Kind hat besondere Eigenschaften

Jedes Kind wird mit bestimmten Eigenschaften oder Charakterzügen geboren. Diese Charakterzüge spielen eine Rolle bei der Entwicklung der Persönlichkeit unseres Kindes. Dadurch, dass wir sie erkennen, können wir unserem Kind helfen, diese Eigenschaften auf positive Weise zu nutzen.

Temperament

Mit Temperament bezeichnen wir einen bestimmten Verhaltensstil. Manche Kinder werden zu regelmäßigen Zeiten hungrig und schläfrig. Andere zeigen kein so regelmäßiges Verhalten. Einige Kinder akzeptieren ohne Problem Lärm, helles Licht und neue Geschmacksrichtungen. Andere finden es störend.

Am Verhaltensstil eines jeden Kindes erkennen wir sein Temperament. Das zu verstehen, kann uns wiederum helfen, unser Kind zu verstehen. Es kann uns helfen, den besonderen Verhaltensstil unseres Kindes zu schätzen und damit umzugehen.

Ein Baby wird mit einem individuellen Temperament geboren. Während seiner Kindheit bleibt es ziemlich gleich. Temperament hat nichts mit Intelligenz oder Talent zu tun. Es bezieht sich auf die einzigartigen Eigenschaften, mit denen ein Kind geboren wird.

Unterschiedliches Entwicklungstempo der Kinder

Kinder entwickeln sich in ihrem eigenen Tempo. Sie haben ihren eigenen »Zeitplan«, wann ihre Zähne wachsen, wann sie zu sprechen anfangen und wann sie bereit sind für das Sauberkeitstraining. Diese Entwicklung wird auch durch die Umgebung beeinflusst, in der das Kind lebt – durch Menschen, Orte und Ereignisse, die das Kind erlebt.

Tabelle 1 am Ende dieses Kapitels liefert hilfreiche Informationen. Kinder können jedoch diese Fertigkeiten auch nach einem Zeitplan entwickeln, der von dieser Tabelle abweicht.

**Kinder entwickeln sich in ihrem eigenen Tempo.
Sie helfen Ihrem Kind, indem Sie dieses ihm eigene Tempo
bei der Entwicklung respektieren.**

BEISPIEL
Leon ist ein Jahr alt. Er und sein Vater, Herr G., treffen eine Nachbarin im Treppenhaus ihres Wohnhauses.

»Spricht Leon schon?«, fragt Frau Z. »Er kann ein paar Worte sagen«, antwortet Herr G. »Sollte er nicht schon mehr sagen? Unsere Tochter konnte in diesem Alter viele Worte sagen«, sagt Frau Z. »Leon wird mehr sagen, wenn er so weit ist«, erwidert Herr G.

Eltern helfen ihren Kindern, wenn sie das Tempo respektieren, in dem sich die Kinder entwickeln. Unsere Aufgabe ist nicht, sie anzutreiben. Stattdessen ermutigen und schätzen wir unser Kind und bieten ihm Gelegenheiten zur Weiterentwicklung. Wie können wir das tun?

Wir denken über Babys nach. Sie brauchen Zeit und Platz auf dem Boden. Das wird ihnen ermöglichen zu krabbeln, wenn sie so weit sind. Sie brauchen keinen Unterricht im Krabbeln!
Ihren Wortschatz erweitern kleine Kinder, indem wir z.B. mit ihnen spielen, spazieren gehen oder Bilderbücher anschauen und dabei mit ihnen sprechen.

Entwicklungsstil

Jedes Kind entwickelt sich in seinem eigenen Stil. Einige Kinder lernen und praktizieren ihre Fertigkeiten in der Öffentlichkeit. Die Fehler, die dabei passieren, machen ihnen nichts aus. Andere Kinder warten, bis sie eine Fertigkeit gut beherrschen. Erst dann werden sie sie anderen Menschen zeigen. Einige Kinder plappern monatelang, bevor sie ein richtiges Wort sagen. Andere sind still, bis sie einen einfachen Satz zusammenstellen können. Bei manchen Kindern entwickeln sich Körper, Geist und Gefühle gleichzeitig, bei anderen unabhängig voneinander.

Entwicklungsstufen

Bestimmte Fertigkeiten werden erlernt, bevor die nächste Entwicklungsstufe erfolgt. Sich-aufsetzen und Krabbeln erfolgt vor dem Gehen. Etwas-auf-den-Boden-fallen-lassen wird vor dem Aufheben von Gegenständen gemeistert. Das

Spielen *neben* anderen Kindern kommt vor dem Spielen *mit* ihnen.

Wir erinnern uns daran: Kinder entwickeln sich in ihrem eigenen Tempo. Jedes Kind wird eine neue Fertigkeit beherrschen, wenn es so weit ist. Zu wissen, dass sich Fertigkeiten in einer bestimmten Reihenfolge entwickeln, kann uns helfen. Es lässt uns wissen, worauf wir uns vorzubereiten haben. Dann wissen wir, wie wir unserem Kind helfen können, zu wachsen und zu gedeihen.

Babys: von der Geburt bis zu 18 Monaten

In diesem STEP Elternbuch sprechen wir oft von Babys oder kleinen Kindern im Babyalter. Welches Alter ist damit gemeint? Einige Babys sind Neugeborene. Einige krabbeln, einige sitzen bereits, andere beginnen gerade zu laufen. Im Allgemeinen endet das Babyalter, wenn das Kind laufen kann.

Babys lernen, Erwachsenen zu vertrauen.
Sie wissen, dass jemand

✓ sie füttern und anziehen wird,

✓ ihre Windeln wechseln wird,

✓ ihr Schreien hören wird,

✓ sie vor Gefahren bewahren wird.

Babys lernen sich kennen und sich selbst zu vertrauen.
Sie stellen fest, dass sie

✓ sich mit dem Daumen oder einem Tuch/einer Decke trösten können,

✓ bekommen können, was sie wollen, indem sie krabbeln und danach greifen.

Babys lernen, ihrer Umgebung zu vertrauen.
Sie entdecken, dass

✓ der Boden hart ist und ausgestopfte Tiere weich sind,

✓ orangefarbenes Essen gewöhnlich gut schmeckt, grünes Essen nicht immer,

✓ ein warmes Bad gut und eine Spritze weh tut.

Kleinkinder: 18 – 36 Monate

Kleinkinder gehen – und rennen – überall herum. Manchmal sind sie ungeschickt, weil sie ihre Bewegungen nicht wie Vorschulkinder kontrollieren können. Kleinkinder sprechen auch viel. Ihre Worte sind manchmal schwer zu verstehen.

Kleinkinder wollen unabhängig und selbstständig sein. Sie wissen, dass jemand da sein wird, um sie vor Gefahren zu bewahren. Deshalb fühlen sie sich freier, sich von den Eltern weg zu bewegen. Kleinkinder experimentieren. Sie stellen Forderungen.

Kleinkinder lernen viel dazu. Jede unabhängige und selbstständige Handlung lehrt sie etwas über sich als Person:

✓ Wenn Kleinkinder darauf bestehen, alles selbst zu tun, dann lernen sie, *sich auf sich selbst zu verlassen*.

✓ Wenn sie behaupten, »alle Spielsachen sind meine!«, dann lernen sie etwas über *Eigentum*.

✓ Kleinkinder lernen etwas über *Angst*, wenn sie Angst vor der Dunkelheit und über *Sicherheit*, wenn Sie Angst vor Fremden haben.

✓ Wenn sie lernen, die Katze vorsichtig anzufassen, erfahren sie etwas über *Selbstkontrolle*.

Auf diese und andere Weise machen Kleinkinder wesentliche Schritte in ihrer Entwicklung.

Vorschulkinder: 3 – 6 Jahre

Vorschulkinder sind älter als Kleinkinder, aber sie sind noch nicht im Schulalter. Sie vertrauen sich selbst, ihren Eltern und anderen, die sich um sie kümmern. Jetzt sind sie so weit, sich mit dem weiteren Umfeld, mit Freunden und Spielsachen zu beschäftigen.

Vorschulkinder sind kreativ. Sie sind Künstler, Bauleute und Erfinder. Sie haben ein großes Vorstellungsvermögen und beginnen damit, Abenteuer durchzuspielen. Vorschulkinder spielen »Mutter-Vater-Kind« und »Schule«.

Sie üben die Rollen von Erwachsenen, wenn sie

✓ ihre Puppen füttern und Sandkuchen zum Essen bereiten,

✓ ihre Dreirädchen als Feuerwehrauto benutzen und Burgen mit Decken und Stühlen bauen.

Vorschulkinder kreieren auch Fantasiewelten:

✓ Die Badewanne wird zum Schwimmbad mit Monstern.

✓ Eine Pappkartonschachtel wird zur Burg oder zum Schloss.

Vorschulkinder bitten uns, ihnen Geschichten vorzulesen. Sie erfinden auch ihre eigenen Reime, Fantasiewörter und Geschichten. Vielleicht entscheiden sie sich auch, uns mit einem Schimpfwort zu schockieren.

Vorschulkinder brauchen Freunde. In diesem Alter müssen Kinder lernen, wie Menschen miteinander auskommen. Mit Freunden »üben« sie viele Dinge: Sie entwickeln Ideen, sie treffen Entscheidungen, sie beenden einen Streit und zeigen Wertschätzung.

Von großer Bedeutung: Wir und das Verhalten unseres Kindes

Wir können unser Kind auf vielfältige Weise beeinflussen. Es ist wichtig, über unsere Erwartungen nachzudenken.

Die Macht der Erwartungen

Erwartungen haben großen Einfluss. Die meisten Eltern haben Erwartungen hinsichtlich der Erziehung. Nur zu oft erwarten wir etwas Negatives. Wir sprechen von »der schrecklichen Trotzphase der Zweijährigen« oder den »kleinen Monstern«.

Kleine Kinder nehmen unsere Erwartungen oft wahr und versuchen vielleicht, sie zu erfüllen. Denken wir darüber nach: Würde das Leben mit einem Zweijährigen anders sein, wenn wir von der »wundervollen Phase der Zweijährigen« sprechen würden? Wenn wir, statt einer Trotzphase, Kooperation und positives Verhalten erwarten würden?

Wenn wir positive Erwartungen haben, wird unser Kind dann perfekt sein? Nein. Aber wir würden mehr Kooperation bekommen.

Wäre das Leben mit Ihrem Zweijährigen anders, wenn Sie von der »wundervollen Phase der Zweijährigen« sprechen würden?

Stress

Die meisten von uns empfinden oft Stress. Wir machen uns Sorgen um Geld und Arbeit. Wir haben Probleme. Wir haben nicht genug Zeit für alles, was wir tun wollen und müssen.

Wenn wir als Eltern viel Stress haben, werden wir oft ungeduldig. Wir streiten uns. Vielleicht lassen wir unsere Kinder nicht ausreden, schneiden ihnen das Wort ab und schreien sie an. Die Kinder wiederum weinen oder schreien vielleicht, sie streiten oder machen sich Sorgen.

BEISPIEL
Konrad ist fünf, seine Stiefschwester Nena ist zwei. Nena greift sich Konrads Lastwagen und schreit: »Mein!« Konrad versucht, ihr den Lastwagen wegzunehmen. Die Kinder raufen und schreien. Konrads Vater, Herr L., weiß, es wäre am besten, ruhig zu bleiben und die Kinder ohne Kommentar zu trennen. Aber er ist sehr gestresst. Er

macht sich Sorgen um sein Einkommen. Er und seine Frau haben Probleme. Er hat heute einen Fehler bei der Arbeit gemacht, und sein Chef war sehr verärgert. Deshalb schreit er Nena und Konrad an. Konrad brüllt zurück. Nena wirft sich auf den Boden und hat einen Wutanfall.

Es passiert schnell, dass Stress Erziehung schwierig macht. Wenn wir das zulassen, ist es wahrscheinlich, dass das Verhalten unserer Kinder eher schlechter als besser wird. Stattdessen treten wir zurück, wenn wir gestresst sind, und holen tief Luft. Wir denken daran, was jetzt wichtig ist. Wir entscheiden uns, uns nicht so gestresst zu fühlen. Wir können das! Auf Seite 34 bis Seite 35 wird eine Aktivität »Nur für Sie« empfohlen, die »Verringern Sie den Stress« heißt. Es wird eine Möglichkeit beschrieben, wie wir daran arbeiten können, uns zu beruhigen, wenn wir angespannt sind.

Mehr »Ja« – weniger »Nein«

Die meisten Kleinkinder beginnen damit, das Zauberwort »Nein« zu gebrauchen. Einige sagen sogar »Nein«, wenn sie »Ja« meinen! Weshalb ist »Nein« ein so beliebtes Wort bei Kindern? Vielleicht weil es bei Eltern so beliebt ist. Es ist wichtig, dass Eltern nach Möglichkeiten suchen, öfter das Wort »Ja« zu benutzen.

BEISPIEL
Der zweijährige Paul hat einen schlechten Morgen. Er greift nach dem brandneuen Geburtstagsgeschenk seiner Schwester. Seine Mutter, Frau S., sagt: »Nein!« Er schreit, dass er seinen Lieblingskeks zum Frühstück haben möchte. Seine Mutter sagt: »Nein!« Er möchte, mit seinem Spielzeugzug spielen. Es ist jedoch Zeit, das Haus zu verlassen, und deshalb sagt seine Mutter: »Nein!«

In kurzer Zeit sagt Frau S. drei Mal »Nein«. Dabei braucht sie es eigentlich gar nicht zu sagen. Sie könnte das Geburtstagsgeschenk wegnehmen und Paul etwas anderes zum

Spielen geben. Sie könnte sein Geschrei nach Keksen ignorieren. Sie könnte sagen: »Du kannst später mit deinem Zug spielen.« Frau S. könnte sogar einen Weg finden »ja« zu sagen. Zum Beispiel:

»Ja, du magst das Geschenk deiner Schwester. Aber es gehört ihr. Lass uns etwas anderes finden, was du mitnehmen möchtest.«

»Ja, ich esse auch gerne Kekse! Aber was essen wir zum Frühstück?«

Vielleicht ist Paul auch weiterhin schlecht gelaunt. Aber er vernimmt auch die freundlichen Worte seiner Mutter. Mit der Zeit wird das Ja-sagen seiner Mutter Paul vielleicht helfen, mehr zu kooperieren.

Halten Sie nach Möglichkeiten Ausschau, bei denen Sie »Ja« statt »Nein« sagen können.

Plakatieren kann dazu führen, dass sich Ihre Erwartungen erfüllen. Arbeiten Sie daran, positive Erwartungen zu haben.

Natürlich müssen wir manchmal »nein« sagen:

BEISPIEL

Daniela versucht die Schalter am Herd zu erreichen. Ihr
Vater, Herr R., nimmt sie auf den Arm. Er sagt: »Nein, Daniela – du darfst die Herdplatten niemals anfassen. Sie
sind heiß, und du könntest dich dabei verbrennen. Hier,
du kannst mit diesem Topf spielen.« Er setzt Daniela auf
den Boden und gibt ihr einen Topf und einen Holzlöffel.

Wertvorstellungen, Überzeugungen und Verhalten

Bei kleinen Kindern entwickeln sich Wertvorstellungen
und Überzeugungen. Diese Wertvorstellungen und Überzeugungen sind eine Folge ihrer Erfahrungen:

- Einige Eltern schreien und setzten ihre Kinder herab.
  Die Kinder glauben dann vielleicht, dass sie *schlecht*
  sind.

- Einige Eltern sagen: »Du kannst es!« und: »Ich hab' dich
  lieb.« Diese Kinder beginnen dann wahrscheinlich daran zu glauben, dass sie *wertvoll* sind.

Es ist möglich für Kinder, positive Wertvorstellungen und
Überzeugungen über sich selbst zu entwickeln. Als Eltern
können wir diese Wertvorstellungen und Überzeugungen
beeinflussen. Positive Wertvorstellungen und Überzeugungen führen zu positivem Verhalten. Wir können unsere
Kinder dahin führen, positive Verhaltensmuster zu entwickeln. Eine Möglichkeit, das zu tun, besteht darin, ihnen
beizubringen, dass Gefühle wichtig sind. Wir achten auf
die Gefühle des Kindes. Wir reagieren mit Respekt und
Verständnis.

- »Es tut weh, wenn die Katze kratzt.«

- »Du kannst es kaum erwarten, in die Wanne zu kommen!«

Wir können auch erwarten, dass unsere Gefühle respektiert
werden:

- »Ich mag es nicht, gebissen zu werden – es tut weh! Ich setze dich jetzt ab, und du findest etwas anderes zum Spielen.«

Dieser Respekt basiert auf positiven Wertvorstellungen und Überzeugungen. Er zeigt, dass wir die Gefühle unseres Kindes akzeptieren und dass auch wir Gefühle haben. Respekt weist uns positive Wege, über Gefühle zu sprechen. Kleine Kinder sind ich-bezogen, sie sehen sich selbst im Mittelpunkt. Das ist natürlich. Wir können jedoch von Anfang an Respekt für Gefühle zeigen. Unser Kind wird diesen Respekt sehen und fühlen. Langsam wird unser Kind lernen, auch die Gefühle anderer Menschen zu respektieren.

Wir stellen uns eine Pflanze vor, die mit jedem positiven Einfluss wächst: Positive Wertvorstellungen und Überzeugungen führen zu positivem Verhalten. Positives Verhalten trägt bei zur Bildung von positiven Wertvorstellungen und Überzeugungen, und diese wiederum führen zu mehr positivem Verhalten.

Jetzt ist es an der Zeit, diesen positiven Kreislauf der Entwicklung unseres Kindes in die Wege zu leiten.

Wichtige Menschen im Leben unseres Kindes

Unser Kind ist jung. Im Leben unseres kleinen Kindes sind Mutter und Vater, Brüder und Schwestern die wichtigsten Menschen. Wenn wir verheiratet sind, können wir und unser Ehepartner uns gleichermaßen die Aufgabe des Elternseins teilen. Unser Kind sieht, dass verheiratete Menschen einander helfen. Mit Hilfe unseres Partners finden wir es leichter, ruhig und respektvoll zu bleiben.

Vielleicht sind wir allein erziehend. Wenn das so ist, dann tun wir unser Bestes, die Erziehungsaufgabe mit dem anderen Elternteil des Kindes zu teilen. Das ist die beste Situation für das Kind. Natürlich ist es nicht immer möglich.

Dann wäre es gut, einen anderen Erwachsenen zu finden, der öfter bzw. regelmäßig Zeit mit dem Kind verbringen kann. Diese Person sollte jemand sein, den wir kennen und dem wir vertrauen.

Großeltern geben ihren erwachsenen Kindern oft diese Art von Unterstützung. Ein Kind, das einen Großvater bzw. eine Großmutter hat, hat Glück. Ihre Beziehung kann etwas ganz Besonderes sein.

BEISPIEL

Jonas ist vier Jahre alt. Seine Mutter, Frau M., geht zweimal die Woche abends zu einer Fortbildung. An diesen Abenden geht Jonas in die Wohnung seines Opas, Herrn M. Jonas und sein Opa genießen die Zeit, die sie miteinander verbringen. Herr M. liest Jonas Geschichten vor. Er erzählt ihm, wie es war, als seine Mutter ein kleines Mädchen war. Zusammen bauen sie Städte aus Bausteinen. Jonas sitzt gerne am Küchentisch und malt Bilder. Manchmal kocht Herr M. auch Jonas' Lieblingssuppe.

Frau M. braucht die Hilfe ihres Vaters. Und sie ist froh, dass Jonas und sein Opa diese gemeinsame Zeit miteinander haben. Es ist schwer für Frau M. als allein erziehende Mutter. Sie hat gelernt, ihren Vater um Rat zu fragen. Ihr Vater hat gelernt, Rat nur zu geben, wenn seine Tochter ihn darum bittet. Das hat nicht von Anfang an so funktioniert. Frau M. und ihr Vater haben sehr daran gearbeitet herauszufinden, wie sie das Beste für die Familie tun können.

Manchmal ist es schwer, eine Beziehung zwischen Erwachsenen unterschiedlicher Generationen zu erarbeiten. Aber es ist wichtig. Und es ist der Mühe wert. Die besondere Freundschaft unseres Kindes mit dem Großvater ist die Belohnung. Eine weitere Belohnung ist die Unterstützung, die wir als Elternteil bekommen. Eine dritte ist die Chance, dass wir als Erwachsene eine neue Nähe zu unseren Eltern entwickeln.

Die Macht des Spiels

Schon früh in ihrem Leben finden Kinder Zugang zur Welt des Spiels. Spielen ist ein anderer wichtiger Bereich, in dem wir unserem Kind helfen können, zu wachsen.

Spielen ist etwas, das Erwachsene als Abwechslung von der Arbeit tun. Für ein Kind aber ist das Spiel »Arbeit«. Kinder müssen spielen, um sich zu entwickeln. Im Spiel lernen sie etwas über die Welt und ihren Platz darin. Sie üben die Fertigkeiten, die sie brauchen, wenn sie heranwachsen.

Während sie spielen, lernen sie etwas über das Leben – durch Ausprobieren und indem sie Fehler machen.

Das Spiel ist die »Arbeit« Ihrer Kinder.

Wir spielen mit unserem Kind

Babys, Kleinkinder und Vorschulkinder können auf verschiedene Weise Spaß am Spiel mit ihren Eltern haben. Zusammen spielen hilft, eine positive Beziehung aufzubauen. Es hilft Kindern zu lernen.

BEISPIELE

Martina ist acht Monate alt. Ihre Mutter, Frau N., spielt jeden Abend einige Zeit mit ihr. Martina mag Singspiele besonders gern. Sie lernt Klang und Rhythmus und die Bewegungen ihrer Mutter zu kopieren.

Bastian ist zwei Jahre alt. Nach seinem Mittagsschlaf spielt er gerne »Ich-seh-dich, ich-seh-dich-nicht« mit seinem Vater, Herrn K. Herr K. versteckt sein Gesicht hinter einer Decke. Dann senkt er die Decke, langsam, immer ein bisschen mehr, bis Bastian schließlich sein ganzes Gesicht sehen kann. Bastian versucht, die Nase seines Vaters zu packen. Da ist sie plötzlich wieder hinter der Decke versteckt! Bastian kichert. Dann bedeckt Herr K. Bastians Gesicht ein

paar Sekunden lang, und dann beginnt das Spiel wieder
von vorne. Bastian lernt ein Spiel, das Spaß macht und
dem er folgen kann. Ohne Worte lernt er dadurch auch,
was es bedeutet, etwas abwechselnd zu tun.

Wenn sie älter sind, erfinden manche Kinder Spielkamera-
den/innen. Diese fiktiven Freunde/innen erlauben es den
Kindern, ihre Vorstellungskraft zu nutzen und soziale Fertigkeiten zu üben.

BEISPIEL
Die vierjährige Kira legt sich ein Handtuch um die Schultern
und wird zur Superheldin. Sie möchte Hilfe bei ihren Super-
abenteuern, deshalb erfindet sie einen Freund mit Namen
Max. Manchmal zeigt Kira Max ihre Spielsachen. Manchmal
spielen sie und Max zusammen mit ihren Stofftieren.

Kinder brauchen auch Gelegenheit, ohne ihre Eltern zu
spielen. Das gibt ihnen die Freiheit, zu erforschen und zu
lernen. Es ist auch für uns wichtig, mit unserem Kind zu
spielen. Wenn unser Kind möchte, dass wir mitspielen,
dann tun wir das. Wir genießen die Gelegenheit, mit unserem Kind Spaß zu haben! Beim Spielen können wir unserem Kind auch bestimmte Fertigkeiten beibringen, oder
wir können ihm helfen, seine Gefühle auszudrücken. Indem wir eine Puppe oder ein Stofftier zum »Sprechen« benutzen, können wir unserem Kind helfen, seine Gefühle in
Worte zu fassen.

Wir wählen Spielsachen sorgfältig aus

Spielsachen können helfen, das Vorstellungsvermögen und
die Fertigkeiten unseres Kindes zu entwickeln. Wir achten
darauf, dass die Spielsachen für unser Kind folgende Eigenschaften haben. Sie sollen

1. **sicher** sein – feuerbeständig, ohne scharfe Kanten oder
   kleine Teile, die verschluckt werden könnten,

2. **strapazierfähig** sein – damit sie nicht leicht kaputt gehen,

3. **einfach** sein – damit das Kind beim Benutzen kreativ sein kann (zum Beispiel: Bausteine, Sand und Material zum Malen, Zeichnen und Basteln),

4. **altersgemäß** sein – dem Alter, der Fähigkeit und der Entwicklung des Kindes entsprechend.

Wir beginnen frühzeitig damit, einen Erziehungsplan aufzustellen

Oft sprechen Taten lauter als Worte. Wir wollen, dass unser Kind zu einem selbstständigen, respektvollen, selbstbewussten, glücklichen, eigenverantwortlichen und kooperativen Menschen heranwächst. Eine sorgfältig durchdachte Einstellung bzw. ein wohl überlegter Erziehungsstil können uns leiten, wenn wir Entscheidungen treffen hinsichtlich tagtäglicher Probleme und Herausforderungen.

Es gibt viele Erziehungsstile. Die häufigsten sind *Befehle erteilen, nachgeben* und *Wahlmöglichkeiten geben*.

Befehle erteilen

Diesen Erziehungsstil bezeichnet man oft als *autoritär*. Die Eltern sind streng. Sie stellen eine Menge Regeln auf. Von den Kindern wird erwartet, dass sie die Regeln genau beachten. Oft belohnen und bestrafen strenge Eltern ihre Kinder, um sie zur Beachtung der Regeln zu zwingen.

Was lernen die Kinder dabei?

Belohnungen bringen die Kinder dazu, »Bezahlung« dafür zu erwarten, dass sie »gut« sind. Wenn sie dafür bestraft werden, dass sie »böse« sind«, lernen sie vielleicht, ihre Eltern zu fürchten und ihnen gegenüber Groll zu empfinden. Kinder brauchen Freiheit und Freiräume um zu wachsen, zu gedeihen und zu lernen. Sie brauchen auch die Chance, wählen zu dürfen. Das erlaubt ihnen, Grenzen und Verantwortung kennen zu lernen.

**Wenn Sie ein Kind dafür bestrafen, dass es »schlecht« ist,
lernt es vielleicht, vor seinen Eltern Angst zu haben
oder sie gar zu fürchten.**

Gewährenlassen oder zu oft nachgeben

Gewährenlassen kann auch als *antiautoritäre Erziehung* oder
Laissez-faire-Erziehung bezeichnet werden. Antiautoritäre
Eltern setzen keine Grenzen. Die Kinder wachsen ohne Halt
und Orientierung auf. Die Eltern geben oft nach, beziehungsweise
sie lassen die Kinder immer gewähren. Die Kinder
können tun, was auch immer sie wollen. Wir bezeichnen
solche Kinder auch als »verwöhnt«.

Was lernen die Kinder dabei?

Ohne Grenzen werden es die Kinder schwer haben, mit anderen
auszukommen. Die Kinder lernen gewöhnlich, das
zu tun, was sie möchten. Sie lernen nicht, sich um die Gefühle
und Rechte anderer zu kümmern. Die Gesellschaft
setzt Grenzen. Kinder, denen hinsichtlich ihres Verhaltens
keine Grenzen gesetzt werden, werden Schwierigkeiten haben
zu lernen, wie sie sich in der Gesellschaft zu verhalten
haben.

Wahlmöglichkeiten anbieten

Welche Einstellung zur Erziehung wird uns helfen, unser
Ziel zu erreichen? Jahrzehntelange Forschung und Arbeit
im Bereich der Familientherapie hat die STEP Autoren zu
der Überzeugung gebracht, dass der *demokratische* Weg,
Wahlmöglichkeiten zu geben, die wirksamste Methode ist.

Der demokratische Erziehungsstil basiert auf Gleichwertigkeit
und Respekt. Wir haben alle unterschiedliche Fähigkeiten,
Verantwortlichkeiten und Erfahrungen. Dennoch
sind wir als Menschen gleichermaßen wertvoll.

Bedeutet das, dass unser Kind die gleichen Privilegien/
Vorrechte hat wie wir? Nein. Es bedeutet, dass wir die

31

Wichtigkeit der Wünsche unseres Kindes anerkennen. Es bedeutet gleichzeitig, dass wir unser Kind – wenn möglich – bei der Entscheidungsfindung mit einbeziehen. Demokratische Eltern geben einem Kind Wahlmöglichkeiten, die dem Alter und der Entwicklung des Kindes entsprechen.

Die Fähigkeit kleiner Kinder, eine Wahl zu treffen, ist begrenzt. Sie können sich noch nicht auf sich selbst verlassen, um Regeln einzuhalten. Sie brauchen Erwachsene, die Grenzen für sie setzen.

BEISPIEL
Johannes ist zwei Jahre alt. Seine Oma kann noch nicht von ihm verlangen, dass er einen Teller mit Keksen ignoriert. Es liegt an ihr, die Kekse aus seiner Reichweite zu entfernen.

Wenn Kinder Grenzen überschreiten, dann brauchen sie Eltern, die Konsequenzen folgen lassen.

BEISPIEL
Maria ist fünf Jahre alt. Sie lässt Spielsachen und Bücher oft herumliegen. Ihr Vater, Herr W., spricht ruhig mit ihr. Er sagt ihr, dass sie alt genug ist, dafür verantwortlich zu sein, die Sachen aufzuheben. Herr W. gibt ihr Wahlmöglichkeiten: Sie kann die Sachen wegräumen, wenn sie nicht mehr damit spielen möchte. Oder aber Papa wird die Sachen wegräumen, und sie werden nicht mehr zur Verfügung stehen, bis er glaubt, dass Maria so weit ist, selbst Verantwortung für sie zu übernehmen. Indem sie ein oder zwei Tage nicht mit den Sachen spielt, lernt Maria, wie wichtig es ist, ihre Sachen selbst wegzuräumen.

Die demokratische Methode hilft Kindern, verantwortungsbewusst zu werden. Sie funktioniert, indem die Eltern Wahlmöglichkeiten innerhalb gesetzter Grenzen geben.

Was lernen unsere Kinder daraus?

Ein demokratischer Erziehungsstil gibt kleinen Kindern einen gewissen Freiraum innerhalb bestimmter Grenzen. Die Kinder lernen, dass ihre Entscheidungen zählen und Verantwortung mit sich bringen. Gleichzeitig lernen sie Respekt.

In den folgenden Kapiteln werden wir viele Möglichkeiten kennen lernen, unser Kind anzuleiten. Sie beruhen auf unserem eigenen Verständnis, unserem Beispiel und unseren Fertigkeiten. Ausgehend davon können wir damit beginnen, Mut und Kooperation zu entwickeln.

Kleine Kinder brauchen Eltern, die ihnen Grenzen setzen.

STEP ERMUTIGUNG

Bemühen Sie sich, Ihr Kind zu verstehen. Fragen Sie sich:

✓ Was fühlt mein Kind?

✓ Was scheint mein Kind zu glauben? Was sind seine Wertvorstellungen und Überzeugungen?

Reagieren Sie so, dass Ihr Kind weiß, dass Sie es verstehen. Seien Sie vorsichtig mit Ihrem Urteil oder Ihrer Kritik.

Bemühen Sie sich, verständnisvoll auf folgende Aussagen zu reagieren:

✓ Das kann ich nicht!

✓ Du bist gemein!

✓ Du magst Sabrina mehr als mich!

✓ Kais Mutter mag mich nicht!

33

In jedem Kapitel dieses Buches gibt es einen Teil, der »STEP Ermutigung« heißt. Diese »Schritte« werden Ihnen helfen, sich anzugewöhnen, Ihr Kind regelmäßig zu ermutigen.

AUFGABE DER WOCHE

Schauen Sie sich die Erwartungen an, die Sie hinsichtlich Ihres Kindes haben:

1. Sind sie positiv oder negativ?

2. Welche Veränderungen möchten Sie gerne bezüglich Ihrer Erwartungen vornehmen?

NUR FÜR SIE

VERRINGERN SIE DEN STRESS

Eltern sein ist eine anspruchsvolle Aufgabe. Wenn Sie nicht manchmal Stress empfinden würden, wären Sie kein Mensch! Stress ist eine Reaktion auf Ereignisse, die Sie als beunruhigend oder Ärgernis erregend empfinden. Es kann sich dabei um eine körperliche Reaktion handeln: Kopfschmerzen, hoher Blutdruck, Herzflattern. Stress kann sich aber auch emotional zeigen: Sie sind besorgt oder haben Probleme mit dem Schlafen.

Was können Sie tun, um den Stress zu mildern und besser damit umzugehen? Hier einige Vorschläge:

✓ **Atmen Sie tief durch.** Atmen Sie mehrmals tief durch. Lassen Sie die Atmung sich selbst regulieren. Sagen Sie sich beim Einatmen: »ruhig« und beim Ausatmen: »werden«. »Ruhig … werden…«

✓ **Führen Sie Selbstgespräche.** Sagen Sie einfache, aufmunternde Dinge zu sich selbst: »Nimm es leicht.« »Ich bin okay.« »Es wird vorübergehen.«

✓ **Seien Sie vorbereitet.** Wenn Sie glauben, dass etwas stressig werden wird, dann seien Sie darauf vorbereitet. Atmen Sie mehrmals tief durch. Sprechen Sie mit sich selbst, bevor Sie sich der Situation stellen.

✓ **Betrachten Sie die Situation aus einer anderen Perspektive.** Sehen Sie eine schwierige Situation als Herausforderung – nicht als etwas, womit Sie nicht umgehen können. Sehen Sie sie als Chance, neue Stärken in sich zu entdecken.

✓ **Schätzen Sie sich.** Akzeptieren Sie sich. Nehmen Sie sich jeden Tag Zeit, um an Ihre guten Eigenschaften zu denken. Sagen Sie sich: »Ich bin fähig.« »Ich bin wertvoll.« »Ich treffe meine eigenen Entscheidungen.« Ermutigen Sie sich selbst.

✓ **Führen Sie ein Tagebuch.** Schreiben Sie stressige Situationen auf. Machen Sie sich Notizen darüber, was Sie gemacht haben, um den Stress zu mildern. Machen Sie sich Notizen darüber, wie gut Sie vorankommen. Notieren Sie auch, für welche stressvollen Situationen mit den Kindern Sie neue Lösungswege erfolgreich gegangen sind.

Zusammenfassung

1. Die Herausforderung, der Sie sich als Eltern gegenübersehen, besteht darin, ein Kind zu erziehen, das glücklich, respektvoll, selbstständig, gesund, selbstbewusst, kooperativ und verantwortungsbewusst ist.

2. Jedes Kind wird mit seinem individuellen Temperament geboren. Akzeptieren Sie das Temperament Ihres Kindes und bauen Sie darauf auf.

3. Jedes Kind geht durch Entwicklungsphasen in seinem eigenen Tempo und auf seine eigene Art und Weise.

4. Kinder meistern neue Fertigkeiten, wenn sie so weit sind.

   - Babys lernen, den Erwachsenen, sich selbst und ihrer Umgebung zu vertrauen.

   - Kleinkinder versuchen selbstständig und unabhängig zu sein.

   - Vorschulkinder kreieren ihre eigene Welt. Sie gehen mit der Sprache spielerisch um. Im Spiel üben sie die Rollen von Erwachsenen und lernen, mit anderen Kindern zurechtzukommen.

5. Eltern haben Erwartungen. Kinder spüren die Erwartungen der Eltern und verhalten sich oft so, wie es erwartet wird.

6. Stress zu verringern, kann Ihnen helfen, effektivere Eltern zu sein.

7. Finden und schaffen Sie Gelegenheiten, »Ja« anstelle von »Nein« zu sagen.

8. Positive Wertvorstellungen und Überzeugungen führen zu positiven Verhaltensmustern. Sie ermutigen positive

Wertvorstellungen und Überzeugungen, indem Sie Respekt und Liebe zeigen und beibringen.

9. Andere Erwachsene können Sie bei Ihrer elterlichen Aufgabe unterstützen.

10. Geben Sie Kindern Zeit zum Spielen. Spielen ist ihre »Arbeit«, und sie müssen spielen, um sich zu entwickeln und zu wachsen.

11. Helfen Sie Ihrem Kind zu kooperieren und verantwortlich zu sein, indem Sie Grenzen setzen und Wahlmöglichkeiten geben.

Tabelle 1

Die Entwicklung von der Geburt bis zum Alter von 6 Jahren

Nicht jedes Kind entspricht dieser Tabelle. Ein Kind entwickelt eine Fertigkeit, wenn es so weit ist.

Alter	Was das Kind lernt	Was das Kind tut
Geburt bis 3 Monate	Vertrauen, Kooperation, persönlicher Einfluss (Macht): z.B die Wirkung von Schreien und Weinen.	Kann den Kopf halten; greift und hält; gibt Laute von sich. Lächelt als Reaktion auf andere. Zeigt Anzeichen von Stress, Freude, Aufregung, Langeweile. Entwickelt eine Routine beim Essen und Schlafen.
3 – 6 Monate	Beeinflusst seine Umgebung durch körperliche Beweglichkeit und Bewegung.	Bemüht sich, Gegenstände zu greifen, packt plötzlich Gegenstände. Ahmt Laute nach; benutzt Laute, um zu zeigen, ob es etwas mag oder nicht. Erkennt bekannte Objekte. Ist gesellig.
6 – 9 Monate	Wird sich der Konsequenzen seiner Handlungen bewusst.	Fängt an zu krabbeln oder zu robben, sitzt, oder zieht sich an Gegenständen hoch. Benutzt den Daumen und die Finger, um kleine Dinge zu greifen. Trinkt aus der Tasse. Wird unabhängiger. Ahmt Verhalten nach. Sagt vielleicht »Mama« und »Papa«. Erkennt vielleicht den eigenen Namen und das Wort »Nein«. Erkennt die Gefühle von anderen – weint bzw. lacht, wenn andere Kinder weinen bzw. lachen. »Fremdelt«; ist manchmal ängstlich, vielleicht sogar bei Dingen, mit denen es vertraut ist.
9 – 12 Monate	Nimmt die Konsequenzen seines Verhaltens verstärkt wahr.	Krabbelt vielleicht die Treppe hinauf. Steht. Ist besser im Zugreifen und Festhalten. Kooperiert oft beim Anziehen. Vielleicht spricht es ein paar Worte. Zeigt und erkennt Stimmungen. Nimmt unausgesprochene Kommunikation wahr. Ist oft liebevoll und bestimmter. Hat Angst vor Fremden, wenn es nicht mit den Eltern zusammen ist.

Alter		
1 – 2 Jahre	Anfänge von Selbstvertrauen.	Läuft (gewöhnlich mit 15 Monaten). Geht auf Entdeckungsreisen; leert Gefäße aus und füllt sie wieder; lässt Gegenstände fallen und wirft sie. Fängt an, alleine zu essen. Möchte sowohl unabhängig als auch abhängig sein. Benutzt deutlichere Sprache. Wird zum Kleinkind.
2 – 3 Jahre	Mehr Selbstvertrauen und Können.	Wird selbstständiger – möchte Dinge auf eigene Art und Weise handhaben. Möchte manchmal wieder ein Baby sein. Bewegt sich, ohne etwas umzuwerfen oder in etwas hineinzulaufen. Spricht in Sätzen mit 2 bis 4 Worten. Fragt »was?« und »warum?«. Kann längere Zeit aufmerksam sein und kann sich erinnern. Hilft gerne. Spielt neben anderen Kindern. Bietet möglicherweise an, ein Spielzeug zu teilen, ist aber noch dabei, das Konzept »Nein« zu erfassen. Beginnt Blase und Darm besser zu kontrollieren.
3 – 4 Jahre	Wird geselliger.	Kooperiert mehr. Ist besser koordiniert. Spricht gerne; hört gerne Geschichten. Möchte wie die Eltern sein. Erkennt den Unterschied zwischen den Geschlechtern. Wählt eigene Kleidung aus; zieht sich selbst an. Ist gerne mit Gleichaltrigen zusammen. Lernt mit anderen abzuwechseln und zu teilen. Kann evtl. an einfachen Spielen oder Aktivitäten mit anderen Kindern teilnehmen. Drückt möglicherweise Angst vor Dunkelheit und Monstern aus. Fängt an, die Konzepte gestern, heute und morgen zu verstehen.
4 – 5 Jahre	Wird besser bei den Fertigkeiten, die es bereits gelernt hat.	Zieht Kinder Erwachsenen vor. Spielt mit imaginären Freunden. Lernt in der Gruppe zu kooperieren. Zieht gleichgeschlechtliche Spielkamerad/innen vor. Hat eine feste Vorstellung von zu Hause und Familie. Ist sehr aktiv – rennt, springt, klettert. Verbessert feinmotorische Fertigkeiten. Spricht gerne, verleiht seinen Ideen gerne Ausdruck und stellt komplexe Fragen. Entwickelt einen besseren Sinn für die Zeit.

Alter	Was das Kind lernt	Was das Kind tut
5 – 6 Jahre	Ist angepasst an die Welt des Kindes und langsam soweit, in die Schule gehen zu können.	Fängt an, sich für die Meinung von anderen Kindern zu interessieren. Hat eine besser entwickelte Fähigkeit, Dinge zu ergründen. Kann besser argumentieren. Hat gute Kontrolle über Hände, Arme und Beine; Augen-Hand-Koordination ist noch nicht voll entwickelt – Unfälle mit den Händen kommen vor. Wird Rechts- bzw. Linkshänder. Spricht gerne und hat einen guten Wortschatz. Schätzt Humor, denkt sich Scherze aus. Ist liebevoll und hilfreich den Eltern gegenüber. Lernt gerne neue Freunde kennen. Spielt mit Kindern beiderlei Geschlechts. Entwickelt einen Sinn für Fairness. Will selbstständig sein und wie ein Erwachsener behandelt werden. Braucht noch Trost und Unterstützung vonseiten der Erwachsenen, fragt aber möglicherweise nicht mehr danach.

2
Wir verstehen das Verhalten unserer kleinen Kinder

In diesem Kapitel werden Sie Folgendes lernen:

☞ Ihr Kind hegt Wertvorstellungen und Überzeugungen darüber, wie es dazugehört.

☞ Das Verhalten Ihres Kindes ist eine Folge dieser Wertvorstellungen und Überzeugungen.

☞ Nicht bei jedem störenden Verhalten handelt es sich um Fehlverhalten.

☞ Das Fehlverhalten von Kindern hat vier Ziele: Aufmerksamkeit, Macht, Rache oder Beweis der Unfähigkeit.

☞ Indem Sie sich auf das Positive konzentrieren, fördern Sie positives Verhalten.

BEISPIEL

Timo und Tessa sind beide vier Jahre alt. Der Zahnarzt ist gerade im Vorschulkindergarten.

Er putzt die übergroßen Zähne eines Modells mit einer übergroßen Zahnbürste. Dann fragt er: »Wer möchte auf diesem Stuhl sitzen und sich mit dem Zahnfaden/Floss die Zähne säubern lassen?« Timo ruft: »Ich! Ich!« Der Zahnarzt reinigt Timos Zähne und erklärt den anderen dabei, was er tut. Timo ist glücklich, doch es fällt ihm schwer, ruhig sitzen zu bleiben. Tessa beobachtet alles still. Sie ahmt still nach, was der Zahnarzt vormacht.

Tessa und Timo sind zwei unterschiedliche Charaktere. Timo geht aus sich heraus und probiert gerne Neues aus. Er ist glücklich, wenn er beachtet wird. Tessa geht weniger aus sich heraus und beobachtet lieber genau. Sie übt, was sie sieht.

Von Geburt an lernt jedes Kind, auf seine besondere, ihm eigene Art dazuzugehören.

Woher kommen die Wertvorstellungen und Überzeugungen unserer Kinder?

Wie alle Menschen wollen auch Kinder dazugehören – sie wollen das Gefühl haben, dass sie akzeptiert werden. Kinder hegen Wertvorstellungen und Überzeugungen darüber, was sie tun müssen, um dazuzugehören und sich angenommen zu fühlen.

Kinder haben ihre grundsätzlichen Wertvorstellungen und Überzeugungen bis zum sechsten Lebensjahr entwickelt. Jedes Kind lernt, zu verschiedenen Gruppen zu gehören – Familie, Freunde, Schule. Vielleicht sind sie wie Tessa – sie beobachten und probieren still neue Sachen aus.

Manche sind wie Timo, sie stürzen sich voller Begeisterung auf alles Neue. Beide, sowohl Tessa als auch Timo, glauben, dass die Welt ihnen freundlich gesonnen ist, und sie finden ihren Platz, indem sie kooperieren. Aber sie zeigen ihre Wertvorstellungen und Überzeugungen auf unterschiedliche Weise.

Andere Kinder entwickeln vielleicht eine andere Weltsicht. Einige glauben möglicherweise, dass die Welt ein unfreundlicher Ort ist. Diese Kinder meiden möglicherweise den Kontakt mit anderen Menschen.

BEISPIEL

Herr F., der Vater von Markus, hat seinem Sohn immer gesagt: »Du bist zu klein, das schaffst du nicht! Du wirst dich verletzen! Bitte sei vorsichtig!« Markus hat deshalb beschlossen: »Die Welt ist ein gefährlicher Ort. Ich traue mir nichts zu.« Diese Überzeugung scheint Markus sinnvoll zu sein, denn sie entspricht seinen Erfahrungen. Aber in Wirklichkeit macht es keinen Sinn.

Kinder sind sich ihrer Wertvorstellungen und Überzeugungen nicht bewusst. Das gilt auch für Erwachsene. Unsere Wertvorstellungen und Überzeugungen sind jedoch wie eine Karte, der wir folgen, um zu entscheiden, wie wir dazugehören, wie wir uns widersetzen oder wie wir neutral bleiben können.

Wertvorstellungen und Überzeugungen sind geprägt von den Ansichten, die jedes Kind hinsichtlich folgender vier Fragen entwickelt hat:

1. Was ist wichtig in der Familie?

2. Was sagen die Eltern und was tun sie?

3. Welchen Erziehungsstil benutzen die Eltern überwiegend?

4. Welche Position nimmt das Kind in der Familie ein?

43

Was ist wichtig in der Familie?

In jeder Familie herrscht eine einzigartige Stimmung bzw. ein einzigartiger Ton. Wir nennen das die *Familienatmosphäre*. Außerdem haben die Erwachsenen in jeder Familie bestimmte *Werte*. Durch diese Kombination von Atmosphäre und Werten erfährt das Kind, was in der Familie wichtig ist.

Für Kinder mit zwei Elternteilen sind Werte in der Familie etwas, was für *beide* Elternteile wichtig ist. Das gilt sogar dann, wenn sich die Eltern nicht darüber einig sind.

BEISPIEL

Herr und Frau S. haben zwei Kinder: Letitia ist zwei, und Carmen ist drei Jahre alt. Sie erziehen ihre Kinder dazu, aktiv zu sein. Frau S. nimmt gerne an sportlichen Wettkämpfen teil. Wenn sie spielt, möchte sie gewinnen. Herr S. mag sportliche Übungen, weil er Spaß daran hat. Er joggt und fährt alleine Rad.

Sport ist wichtig in dieser Familie. Wenn Letitia und Carmen älter werden, möchten sie vielleicht an sportlichen Wettkämpfen wie Fußball oder Basketball teilnehmen, oder vielleicht entscheiden sie sich auch für individuelle Sportarten. Möglicherweise wird eines der Mädchen gerne Sport treiben, das andere sportliche Aktivitäten ablehnen. Auf jeden Fall werden sich beide Mädchen entscheiden, wie sie auf diesen Wert der Familie reagieren.

Veränderungen in der Familie verändern die Atmosphäre in der Familie:

1. Ein allein erziehender Elternteil heiratet. Der neue Ehemann oder die neue Ehefrau bringt neue Werte in die Familie.

2. Die Eltern trennen sich oder lassen sich scheiden. Den Kindern werden die Familienwerte oft mehr bewusst – besonders diejenigen, über die die Eltern sich nicht einig sind.

3. Ein Elternteil beginnt eine neue Beziehung oder heiratet wieder. Oft werden die Kinder Teil von zwei Familien mit zwei unterschiedlichen Familienatmosphären und Werten.

Eltern sind Vorbild: Was sagen die Eltern und was tun sie?

Kinder lernen von wichtigen Erwachsenen in ihrem Leben. Sie lernen, was es heißt, eine Frau oder ein Mann zu sein. Sie lernen auch etwas über Beziehungen. Die Kinder lernen, wie Erwachsene miteinander umgehen. Sie beobachten und ahmen vielleicht nach, was die Erwachsenen sagen und tun. Durch unsere Handlungen und Worte zeigen wir unserem Kind, was für uns wichtig ist. Wir helfen unserem Kind zu lernen, was es bedeutet, ein Erwachsener zu sein. Wenn Eltern ihre Kinder, sich selbst, ihren Ehepartner und andere respektieren und wertschätzen, lernen die Kinder, was Respekt bedeutet.

Sie lehren gegenseitigen Respekt, indem Sie Ihr Kind, sich selbst und andere respektieren und schätzen.

Welchen Erziehungsstil benutzen die Eltern?

In Kapitel 1 haben wir etwas über Erziehungsstile erfahren. Der Erziehungsstil der Eltern beeinflusst die Wertvorstellungen und Überzeugungen unserer Kinder:

✓ Wenn Eltern Befehle erteilen oder rigoros Änderungen fordern, ist es möglich, dass die Kinder sich widersetzen und einen Machtkampf beginnen. Möglicherweise glauben sie, dass sie dazugehören, wenn sie der Boss sind.

✓ Wenn Eltern Wahlmöglichkeiten geben, haben die Kinder die Chance zu lernen, dass Kooperation eine Möglichkeit ist, wie Menschen zusammenleben können. Sie erkennen, dass jeder Mensch wichtig ist.

Welche Position nimmt das Kind in der Familie ein?

Die »Position« des Kindes in der Familie wird durch die Reihenfolge bestimmt, die durch die Geburt vorgegeben ist. Sie beeinflusst die Wertvorstellungen und Überzeugungen eines Kindes. Ein Kind ist entweder das Einzelkind, das älteste, das zweite, das mittlere oder das jüngste Kind – das »Nesthäkchen«.

Das Einzelkind

Einzelkinder sind es gewöhnt, im Mittelpunkt zu stehen. Manchmal haben sie Schwierigkeiten, mit anderen Kindern auszukommen. Viele Einzelkinder verbringen viel Zeit damit, alleine zu spielen. So lernen sie, sich selbst zu beschäftigen. Oft verbringen Einzelkinder auch viel Zeit mit ihren Eltern und den Freunden ihrer Eltern. Sie sind oft kreativ und verhalten sich wie Erwachsene.

Das älteste Kind

Ein ältestes Kind war auch einmal ein Einzelkind. Die ganze Aufmerksamkeit zu verlieren, kann für das älteste Kind schwer sein. Oft möchte es der Boss sein. Während sie heranwachsen, lernen viele älteste Kinder zu führen und zu kooperieren. Sie lernen oft Verantwortungsbewusstsein, weil ihre Eltern und die jüngeren Geschwister von ihnen Hilfe erwarten.

Das zweite Kind

Ein zweites Kind hat niemals die ganze Aufmerksamkeit der Eltern, wie sie das erste Kind einst hatte. Zweite Kinder bemühen sich oft sehr, genauso gut zu sein wie die ältere Schwester oder der ältere Bruder oder wollen sie/ihn sogar überholen. Manchmal entscheidet sich das zweite Kind auch, sich zum Gegenteil des ältesten Kindes zu entwickeln. Wenn das älteste Kind gewöhnlich als das »gute« Kind angesehen wird, dann könnte sich das zweite Kind zum »bösen« Kind entwickeln. Ist das älteste Kind ein Einzelgänger, wird das zweite eventuell sehr gesellig.

Das mittlere Kind

Ein mittleres Kind fühlt sich oft »eingekeilt« zwischen den älteren und jüngeren Geschwistern. Möglicherweise lernen mittlere Kinder, mit verschiedenen Arten von Menschen zurechtzukommen. Einige mittlere Kinder sind nicht so selbstsicher. Sie möchten, dass das Leben fair ist. Vielleicht zeigen sie Fehlverhalten, um Aufmerksamkeit zu bekommen. Oft können sie sich leicht an neue Situationen anpassen.

Das »Nesthäkchen«

Die Jüngsten müssen normalerweise nicht so viel selbst tun wie die älteren Geschwister. Manche Nesthäkchen fühlen sich sicher und werden charmant und freundlich. Andere fühlen sich nicht beachtet, kommandieren andere herum und stellen Forderungen. Manche Nesthäkchen geben auf, weil sie noch nicht tun können, was ihre älteren Geschwister können. Andere nutzen ihren Charme, um Hilfe von anderen Leuten zu bekommen. Wieder andere arbeiten sehr eifrig daran, die gleichen Fertigkeiten zu entwickeln wie ihre älteren Geschwister.

Wie schätzt das Kind seine Position in der Familie ein?

Die Position in der Familie wird jedoch nicht nur durch die Reihenfolge bestimmt, die durch die Geburt vorgegeben ist, sondern auch dadurch, wie das Kind seine Position in der Familie einschätzt.

BEISPIEL
Elena (12), Christian (4) und Sebastian (2) sind Geschwister. Bestimmt die Geburt die Rangfolge, so ist Elena die Älteste. Aber sie war acht Jahre lang ein Einzelkind. Obwohl sie Brüder hat, verhält sie sich mehr wie ein Einzelkind. Christian ist das mittlere Kind in der Rangfolge der Ge-

burt, aber er hat mehr Bezug zu Sebastian, deshalb verhält er sich mehr wie das ältere Kind von zweien.

Die Position des Kindes verändert sich

Wenn ein neues Kind in die Familie kommt, verändert sich die Position eines jeden Kindes. Wenn zum Beispiel ein Alleinerziehender jemanden mit Kindern heiratet, bekommt jedes Kind einen neuen Platz in der neuen Familie. Kinder vergessen jedoch nicht die Position, die sie in der ersten Familie eingenommen haben. Diese Position spielt eine bedeutende Rolle bei den Veränderungen.

Manchmal wetteifern Kinder um ihre Position in der Familie. Zum Beispiel wird ein Erstgeborener vielleicht darum kämpfen, seinen Platz als Einzelkind zu bewahren. Der Wettstreit wird Wertvorstellungen, Überzeugungen und Verhalten enorm beeinflussen. Wenn Kinder im Wettbewerb miteinander stehen, wird ein Kind gewinnen, das andere wird entmutigt oder verliert.

Wertvorstellungen und Überzeugungen hinsichtlich der Reihenfolge der Geburt: Was können wir tun?

Um unserem Kind zu helfen, positive Wertvorstellungen und Überzeugungen hinsichtlich der durch die Geburt vorgegebenen Reihenfolge zu entwickeln

- ✓ vermeiden wir, das jüngste Kind, »das Baby«, »die/der Kurze« oder »die/der Kleine« zu nennen;
- ✓ bitten wir das jüngste Kind zu helfen;
- ✓ sprechen wir nicht immer über das älteste Kind zuerst;
- ✓ bringen wir dem ältesten Kind bzw. Einzelkindern das Geben und Nehmen bei. Deshalb ist es wichtig, sie im Kindergarten anzumelden;
- ✓ haben wir mit dem mittleren Kind nicht zu viel Mitleid;
- ✓ planen wir, mit jedem Kind einzeln etwas zu unternehmen;

Weshalb verhalten sich Kinder auf eine bestimmte Art und Weise?

Zur gleichen Zeit, in der Kinder ihre Wertvorstellungen und Überzeugungen entwickeln, bilden sich auch ihre *Verhaltensmuster.* Kinder entwickeln ein bestimmtes Verhalten, weil sie darauf aus sind, dazuzugehören.

Die frühe Kindheit ist die Zeit, in der sie lernen, dazuzugehören. Wenn kleine Kinder heranwachsen, entdecken sie, dass bestimmte Reaktionen der Eltern ihnen ein Gefühl der Zugehörigkeit vermitteln. Sie lernen, sich auf bestimmte Weise zu verhalten, um entsprechende Reaktionen bei den Eltern zu erreichen.

> BEISPIEL
> Ferdinand ist fast drei Jahre alt. Er möchte dazugehören, indem er seinem Vater, Herrn K., beim Autowaschen hilft. Ferdinand nimmt den Schwamm aus dem Wassereimer. Er klatscht ihn gegen das Auto. Während er das tut, lächelt er und sagt: »Ich wasche das Auto mit Papa.« Der Vater sagt: »Danke für deine Hilfe, Ferdi. Du machst das Auto schön sauber.« Ferdinand beginnt, sich als hilfreiche Person zu sehen und zu empfinden.

Herr K. hilft Ferdinand zu lernen, auf positive Art dazuzugehören. Ein anderes Mal hat Herr K. vielleicht keine Zeit, Ferdinand entgegenzukommen. Möglicherweise sagt er: »Du bist noch zu klein zu helfen. Geh doch spielen.« Ferdinand wird trotzdem versuchen, dazuzugehören. Vielleicht weint er oder packt den Wasserschlauch und spritzt seinen Vater und das Auto nass.

Herr K. wird mit dem negativen Verhalten umgehen müssen. Ferdinand hat einen Weg gefunden, seinen Vater dazu zu bringen, sich mit ihm zu beschäftigen. Auf diese Weise gehört er auch dazu. Was wird das nächste Mal geschehen, wenn sich Ferdinand dazugehörig fühlen möchte? Vielleicht erinnert er sich, dass er negatives Verhalten zeigen kann, um von seinem Vater beachtet zu werden.

49

Der Psychologe und Pädagoge Rudolf Dreikurs hat herausgefunden, dass Kinder Fehlverhalten zeigen, wenn sie *entmutigt* sind. Sie möchten dazugehören, glauben jedoch nicht, dass sie auf sinnvolle Weise dazugehören können. Sie glauben, dass Fehlverhalten sich auszahlt, weil es ihnen hilft, das Gefühl zu haben, dazuzugehören.

Wenn Kinder Fehlverhalten zeigen, wollen sie etwas. Sie möchten:

1. Aufmerksamkeit erlangen;
2. Macht ausüben;
3. Rache nehmen;
4. ihre eigene Unfähigkeit unter Beweis stellen.

Dreikurs hat dies die vier Ziele des Fehlverhaltens genannt. Es ist wichtig zu erkennen, *wozu* ein Kind Fehlverhalten zeigt. Indem wir die einzelnen Ziele des Fehlverhaltens verstehen, erfahren wir, woran unser Kind glaubt und was es möchte. Dies kann uns helfen zu wissen, wie wir unser Kind zu positiverem Verhalten bewegen können.

Was ist »Fehlverhalten«?

DREIKURS HAT DEM BEGRIFF *FEHLVERHALTEN* EINE NEUE, BESONDERE BEDEUTUNG GEGEBEN:

Ein *Fehlverhalten* liegt dann vor, wenn ein Kind sich weigert zu kooperieren, obwohl es weiß wie es kooperieren kann.

Dies gilt insbesondere, wenn das Kind

1. sich selbst oder andere in Gefahr bringt oder
2. die Rechte der Eltern oder anderer Personen verletzt.

Voraussetzung dafür ist, dass das Kind von seiner Entwicklung her fähig ist zu verstehen, was von ihm erwartet wird.

Um entscheiden zu können, ob es sich bei einem Verhalten
unseres Kindes um »Fehlverhalten« handelt, berücksichtigen wir seine Entwicklungsphase. Also, nicht alles, was wir
üblicherweise als störend empfinden und als »Fehlverhalten« bezeichnen, ist Fehlverhalten.

BEISPIELE

Ari ist neun Monate alt. Wenn er die Katze am Schwanz
zieht, geht es nicht um Macht. Er ist nur neugierig. Neu-
gierde ist normal in diesem Alter.

Brigitte, 14 Monate alt, greift nach der Blumenerde in
der Topfpflanze. Sie will keine Aufmerksamkeit, sondern
sie möchte die Erde fühlen und damit die Welt erkunden.

Nathalie ist zwei Jahre alt, sie schreit und rennt herum
während einer Party. Sie ist müde und überdreht.

Manchmal zeigen Kinder negatives Verhalten, weil sie neugierig sind, müde, krank, hungrig oder gelangweilt. Möglicherweise sind sie auch ungeschickt oder versuchen, behilf-
lich zu sein. Vielleicht empfinden wir dieses Verhalten als
störend. Aber es ist *kein* Fehlverhalten. Manchmal, wenn
wir denken, unsere Kinder sollten einfach vernünftig sein,
haben wir vielleicht unrealistische Erwartungen.

Manchmal zeigt unser Kind Verhalten, das uns stört (nervt
oder wütend macht), ohne dass es sich dabei um Fehlverhalten handelt. Unsere Reaktion kann einen Einfluss darauf
haben, wie sich das Kind das nächste Mal verhalten wird.
Wir können lernen, auf eine Art zu reagieren, die unserem
Kind hilft, einen Weg zu finden, sich besser zu verhalten.

BEISPIEL

Peter ist zehn Monate alt. Er sitzt im Hochstuhl und hat
seine Milch verschüttet. Vielleicht war es ein Unfall. Vielleicht wollte er auch beobachten, wie es aussieht, wenn
Milch auf den Boden tropft. Unabhängig davon, warum
Peter sich so verhält, wird Peters Mutter, Frau U., reagieren. Sie schreit vielleicht: »Peter, mach das nicht! Jetzt

schau dir an, was du angerichtet hast!« Diese Reaktion der Mutter wird vielleicht dazu führen, dass Peter die Milch wieder verschüttet, wenn er die Aufmerksamkeit seiner Mutter möchte. Das Verhalten wird zum Fehlverhalten.

Frau U. könnte aber weniger Aufhebens um die Sache machen. Sie könnte einen Schwamm bringen und sagen: »Oh, die Milch ist verschüttet. Das machen wir besser wieder sauber. Hier, Peter, du kannst das Tablett abwischen.« Auf diese Weise baut Frau U. Peters Überzeugung auf, dass es okay ist, Fehler zu machen. Er wird sehen, dass er helfen kann, die Dinge wieder in Ordnung zu bringen.

Um eine Änderung im Verhalten Ihres Kindes zu erreichen, ändern Sie zuerst Ihr eigenes Verhalten.

Die vier Ziele des Fehlverhaltens

Wir schauen uns die vier Ziele des Fehlverhaltens an. Sie können uns helfen, den Unterschied zwischen störendem, lästigem, aber normalem Verhalten und echtem Fehlverhalten zu erkennen.

Aufmerksamkeit. Alle Kinder brauchen Aufmerksamkeit. Ein großer Teil unserer elterlichen Aufgabe besteht darin, einem Baby oder Kleinkind Aufmerksamkeit zu schenken.

BEISPIEL
Die vierjährige Alexandra lernt ein paar neue Tricks am Klettergerüst auf dem Spielplatz. Sie ruft ihre Mutter, Frau B., damit sie ihr zusehen kann. Sie will angemessene Aufmerksamkeit. Frau B. sitzt auf einer Bank und liest. Sie schaut von ihrem Buch auf und sagt: »Schau, was du schon alles alleine kannst! Ich freue mich, dass es dir Spaß macht.« Dann liest sie weiter. Alexandra spielt und übt weiter ihre Fertigkeiten.

Alexandras Verlangen nach Aufmerksamkeit ist sinnvoll
und deshalb bekommt sie positive Aufmerksamkeit. Sie
hat das Gefühl, dass sie beachtet wird und so dazugehört.
Frau B. hat Alexandras neue Fertigkeiten anerkannt und
auch gesehen, dass es ihr Spaß macht, zu klettern.

Wann wird Aufmerksamkeit nun zum Ziel eines Fehlverhaltens? Wenn Kinder glauben, dass sie *nur* dann dazugehören, wenn sie Aufmerksamkeit fordern und sie dann
auch erhalten.

Beispiel
Alexandra sagt: »Schau was ich kann… jetzt schau noch
mal… gefällt es dir? Jetzt schau dir das an. Hast du das gesehen? Jetzt mach ich' s nochmal. Schau!« Obwohl Frau B.
zu lesen versucht, hört Alexandra nicht damit auf, ihre
Aufmerksamkeit zu fordern. Vielleicht fällt sie sogar vom
Klettergerüst. Dann würde sie *jede Menge* Aufmerksamkeit
bekommen. Frau B. würde wissen, dass Alexandra glaubt,
nur dann dazuzugehören, wenn sie die Aufmerksamkeit
ihrer Mutter bekommt.

Mit Ihrer Reaktion entscheiden Sie möglicherweise, ob das Verhalten
wiederholt wird, um eines der vier Ziele des Fehlverhaltens zu erreichen.

Macht. Auf positive Art Macht auszuüben, gibt Kindern ein Gefühl der Kontrolle. Es ist ein wichtiger Schritt auf dem Weg zu Selbstständigkeit und Unabhängigkeit.

BEISPIEL

Daniel ist 18 Monate alt und will selbstständig essen. Seine Eltern, Herr und Frau J., geben ihm einen kindgerechten Teller und einen Löffel. Sie akzeptieren, dass sein Platz unsauber aussieht, weil er selbst essen will. Manchmal sagen sie zu Daniel: »Schau an, was du alles kannst! Du isst schon ganz alleine!« Daniel setzt Macht auf positive Art ein. Er lernt, auf positive Weise dazuzugehören. Die Reaktion seiner Eltern unterstützt ihn dabei.

Was würde passieren, wenn Daniels Eltern darauf bestehen, ihn zu füttern?

Daniel ist vielleicht frustriert, weil er nicht alleine essen darf. Vielleicht weigert er sich zu essen. Oder er will sein Lieblingslätzchen haben. Vielleicht würde er darauf bestehen, im Stehen zu essen. Vielleicht wirft er auch sein Essen herunter, um zu sagen: »Ich bin der Boss!« Wenn seine Eltern nachgeben oder mit ihm streiten, würde Daniel versuchen, mehr Macht zu bekommen. Er würde glauben, dass er dazu gehört, indem er das Sagen hat.

Auf positive Art Macht auszuüben, gibt Kindern ein Gefühl der Kontrolle. Eltern müssen wissen, wie sie Macht mit ihren Kindern teilen können.

Rache. Wenn Kinder einen Machtkampf verlieren, entscheiden sie sich vielleicht für das dritte Ziel des Fehlverhaltens – Rache. Wenn Kinder Rache suchen, glauben sie, dass sie *nur* dazugehören, wenn sie andere genauso verletzen wie sie sich verletzt fühlen. Sie wollen es den Eltern heimzahlen.

BEISPIEL

Marina ist vier. Jeden Morgen bringt ihr Vater, Herr V.,
sie in den Kindergarten. Er möchte, dass Marina so viel
Schlaf wie möglich bekommt. Deshalb wartet er bis zur
letzten Minute, um sie zu wecken. Er muss sie schnell anziehen.

Marina will Aufmerksamkeit, indem sie mit ihm Fangen
spielt. Herr V. rennt hinter ihr her und fängt sie. Er fühlt
sich verärgert. Die negative Aufmerksamkeit verleitet Marina dazu, Macht auszuüben. Sie tritt und schreit, als ihr
Vater versucht, ihr die Jacke anzuziehen. Ein Machtkampf
beginnt. Marina schreit: »Ich will nicht!« Herr V. brüllt:
»Oh doch, du wirst sie anziehen!« Er zwingt Marina, ihre
Jacke anzuziehen. Sie schreit: »Geh weg! Du bist gemein!«
Beide fühlen sich verletzt und sind wütend auf dem Weg
zum Kindergarten.

Vor dem Kindergartenalter ist das Ziel Rache selten. Babys
zeigen kein Fehlverhalten, das auf Rache abzielt. Erst im
Kleinkind- und Kindergartenalter beginnen die Kinder,
mit ihrem Fehlverhalten auch auf Rache abzuzielen.

Beweis der Unfähigkeit. Babys stellen gewöhnlich nicht
ihre Unfähigkeit unter Beweis. Auch bei Kleinkindern ist es
meist nicht der Fall, denn ein Kind, das seine Unfähigkeit
unter Beweis stellt, ist sehr entmutigt. Die Entmutigung
entwickelt sich aber erst mit der Zeit. Sie kommt dadurch
zustande, dass das Kind monate- oder jahrelang keine
Möglichkeit gefunden hat, durch positives Verhalten dazuzugehören. Kinder, die dieses Ziel verfolgen, glauben, dass
sie nur dazugehören, wenn sie andere davon überzeugen,
dass sie hilflos sind. Sie geben auf. Sie überzeugen auch die
Menschen um sich herum davon, sie aufzugeben.

BEISPIEL

Robert ist fünf. Sein Onkel beobachtet ihn, wie er ein Bild
ausmalt. »Hast du schon gelernt, deinen Namen zu schreiben, Robert?«, fragt er. »Nein«, erwidert Robert. »Ich kann

dir zeigen, wie es geht«, sagt der Onkel. »Nein«, antwortet Robert. »Ich kann das nicht.«

Er lässt den Kopf hängen. »Naja«, sagt sein Onkel, »was malst du denn da aus?«

Roberts Onkel hat seinen Blick auf etwas gerichtet, bei dem sich Robert wohl fühlt. Das ist ermutigend. Es kann der erste Schritt sein, Robert zu helfen, daran zu glauben, dass er schreiben kann.

Aber weshalb ist Robert so entmutigt?

Als er vier Jahre alt war, hatte Robert angefangen, Buchstaben in Druckschrift zu schreiben. Einige der Buchstaben drehte er so um, dass aus seinem Namen »Rodert« wurde. Das tun viele kleine Kinder. Sein Vater, Herr G., sagte: »Oh Gott, Robert, das ist nicht richtig. Das ist ein ›d‹, kein ›b‹«. Mit der Zeit fühlte sich Robert deswegen mehr und mehr entmutigt. Jetzt hat er aufgegeben.

Roberts Vater hat versucht zu helfen. Aber er hat keine Fehler zugelassen. Fehler sind Teil eines Lernprozesses! Was wäre gewesen, wenn er seine Erwartungen geändert hätte? Er hätte die umgedrehten Buchstaben ignorieren können. Er hätte zu Robert sagen können: »Schau mal, du lernst deinen Namen zu schreiben! Macht das Spaß?«

Ein Kind, das seine Unfähigkeit unter Beweis stellt, ist sehr entmutigt. Es ist wichtig, ein solches Kind zu ermutigen.

Woher wissen wir, ob unser Kind Fehlverhalten zeigt?

Kleine Kinder im ersten Lebensjahr zeigen gewöhnlich kein Fehlverhalten. Wir gehen davon aus, dass ein Baby *kein* Fehlverhalten zeigt.

Ein launisches, weinendes Baby sagt uns vielleicht, dass es hungrig oder müde ist. Vielleicht braucht es sanftes Schaukeln, bevor es einschlafen kann.

Es ist *möglich*, dass ein älteres Baby anfängt, als Ziel des Fehlverhaltens Macht oder Aufmerksamkeit anzustreben. Aber während des ersten Lebensjahres versucht das Kind höchstwahrscheinlich einfach nur, seine Bedürfnisse befriedigt zu bekommen.

Was ist zu tun, wenn wir glauben, dass die Bedürfnisse unseres Kindes befriedigt wurden, das störende Verhalten aber fortgesetzt wird? Dann fängt das Baby *möglicherweise* an, Aufmerksamkeit oder Macht als Ziel des Fehlverhaltens zu verfolgen. In diesem Fall warten wir ein paar Minuten, bevor wir auf das Weinen reagieren. Das hilft uns vielleicht herauszufinden, ob es sich um ein wirkliches Bedürfnis handelt oder um Fehlverhalten. Durch unsere Reaktion können wir unerwünschte Verhaltensmuster verstärken.

Babys zeigen gewöhnlich kein Fehlverhalten.

IDENTIFIZIEREN SIE DAS ZIEL

Beachten Sie drei Dinge:

1. Wie Sie sich fühlen, wenn sich das Fehlverhalten ereignet.
2. Wie Sie auf das Fehlverhalten reagieren.
3. Wie Ihr Kind auf Ihr Verhalten reagiert.

Wir achten auf Hinweise

Wenn unser Kind älter wird, fällt es uns leichter, echtes Fehlverhalten zu erkennen. Wie können wir das Ziel bestimmen? Wir achten auf unsere eigene Reaktion auf das Verhalten.

Aufmerksamkeit

Wenn das Ziel des Fehlverhaltens unseres Kindes *Aufmerksamkeit* ist:

1. Wir fühlen uns wahrscheinlich verärgert oder sind irritiert.
2. Wir wiederholen eine Erklärung oder reden dem Kind gut zu.
3. Das Kind stellt das Fehlverhalten vielleicht vorübergehend ein. Später wiederholt es das Verhalten oder tut etwas Ähnliches, um mehr Aufmerksamkeit zu bekommen.

Macht

Wenn das Ziel des Fehlverhaltens unseres Kindes *Macht* ist:

1. Wir sind manchmal wütend.
2. Wir versuchen, das Kind dazu zu bringen, das zu tun, was wir wollen; manchmal geben wir auf.
3. Wenn wir kämpfen, wird das Kind auch gegen uns kämpfen.
   Wenn wir nachgeben, wird das Kind das Fehlverhalten einstellen – da es bekommen hat, was es wollte.

Rache

Wenn unser Kind sich verletzt fühlt und es *uns heimzahlen* will:

1. Wir fühlen uns wahrscheinlich verletzt und sind wütend.
2. Wir versuchen vielleicht, es dem Kind heimzuzahlen.
3. Das Kind möchte es uns wiederum heimzahlen. Wir haben es mit einem »Kreislauf der Rache« zu tun.

Wir erinnern uns, dass Babys nicht das Ziel Rache verfolgen. Kleinkinder haben manchmal Rache zum Ziel. Aber ihr Verhalten kann auch einfach deshalb außer Kontrolle geraten, weil sie sich hilflos fühlen oder überreizt sind.

Beweis der Unfähigkeit

Wenn unser Kind seine *Unfähigkeit unter Beweis* stellt:

1. Höchstwahrscheinlich fühlen wir, dass wir aufgeben möchten. Wir sind auch der Meinung, dass das Kind der Aufgabe einfach nicht gewachsen ist.

2. Wir machen nichts, weil wir aufgegeben haben. Vielleicht sagen wir dem Kind auch, dass wir selbst glauben, dass die Aufgabe zu schwer ist.

3. Das Kind bemüht sich nicht und lernt nicht dazu.

Wir halten Ausschau nach »passiven« Zielen

Der Beweis der Unfähigkeit ist ein *passives Verhalten* – das Kind macht nichts. Manchmal tritt bei den anderen Zielen ebenfalls passives Verhalten auf:

✓ Wenn ein Kind erwartet, dass wir es bedienen, sucht das Kind möglicherweise Aufmerksamkeit auf passive Art und Weise.

✓ Wenn das Kind sich weigert, sich von der Stelle zu bewegen, zeigt das Kind möglicherweise seine Macht auf passive Weise.

✓ Wenn das Kind uns hasserfüllt anstarrt, kann es sich um eine passive Form von Rache handeln.

Wir identifizieren diese passiven Ziele auf die gleiche Weise: Wir überprüfen unsere Gefühle, die Handlung, für die wir uns entscheiden, und die Reaktion unseres Kindes auf unser Verhalten.

Mehr über die Ziele des Fehlverhaltens

Wir haben gelernt, dass unser Kind dazugehören möchte. Fehlverhalten ist eine Möglichkeit, die unser Kind nutzt, um das zu erreichen. Das bedeutet nicht, dass unser Kind denkt: »Ich will Macht« oder: »Ich will es euch heimzahlen«. Es ist eher so zu verstehen, dass Kinder erkennen, dass Fehlverhalten funktioniert – es zahlt sich für sie aus. Sie wissen dies durch die Reaktion der Eltern.

Kinder sind sich gewöhnlich nicht über die Ziele ihres Fehlverhaltens im Klaren. Möglicherweise zeigen sie auch Fehlverhalten mit mehr als einem Ziel.

Das ist davon abhängig, wie ein Kind die jeweilige Situation beurteilt.

BEISPIEL
Stefan ist drei. Zu Hause spielt er den Clown, um Aufmerksamkeit zu bekommen. Es hilft ihm, sich zugehörig zu fühlen. Im Kindergarten jedoch bekommt er für seine Albernheiten keine Aufmerksamkeit, deshalb fordert er Aufmerksamkeit auf andere Weise. Er läuft der Erzieherin hinterher und unterbricht sie, wenn sie sich mit einem anderen Kind beschäftigt. Er schubst, um der Erste in der Reihe zu sein. Stefans Wunsch nach Aufmerksamkeit entwickelt sich im Kindergarten zu einem Machtkampf.

Das gleiche Verhalten kann auf verschiedene Ziele ausgerichtet sein.

BEISPIEL
Ein Fünfjähriger, der seine Schuhe selbst binden kann, wartet möglicherweise auf seine Eltern, die sie dann für ihn binden. Er sucht Aufmerksamkeit. Ein anderes fünfjähriges Kind, das auch seine Schnürsenkel binden kann, sucht vielleicht keine Aufmerksamkeit. Vielleicht glaubt es wirklich, dass es sie nicht binden kann. Es stellt seine Unfähigkeit unter Beweis.

Das gleiche Ziel kann auch mit unterschiedlichem Verhalten verfolgt werden.

BEISPIEL
Die zweijährige Carla möchte nicht ins Auto. Sie zeigt ihre Macht, indem sie schreit. Später möchte sie nicht ins Bett gehen. Sie zeigt ihre Macht, indem sie sich weigert zu gehen.

Wir erinnern uns daran, dass wir das Ziel des Fehlverhaltens dadurch erkennen können, dass wir uns fragen, wie wir uns fühlen, was wir tun und wie unser Kind auf das reagiert, was wir tun.

**Geben Sie positive Aufmerksamkeit,
wenn Ihr Kind es nicht erwartet.**

Tabelle 2a

Wie erkennen Sie die vier Ziele des Fehlverhaltens?

Babys (0 – 18 Monate):

- Das Konzept der Ziele des Fehlverhaltens bezieht sich gewöhnlich nicht auf Babys.
- Gehen Sie davon aus, dass ein Baby durch störendes Verhalten ein grundsätzliches Bedürfnis (z.B. Hunger, Müdigkeit) mitteilen möchte.
- Überprüfen Sie bei störendem Verhalten Ihre eigene Befindlichkeit (Stress?)
- Ein älteres Baby sucht vielleicht Aufmerksamkeit oder Macht. Gehen Sie jedoch zuerst davon aus, dass das Baby wirklich ein Bedürfnis hat und lediglich seine Kommunikationsfähigkeit nutzt, um sein Bedürfnis befriedigt zu bekommen.
- Babys suchen keine Rache und möchten nicht ihre Unfähigkeit unter Beweis stellen.

Kleinkinder (18 – 36 Monate):

Wie fühlen Sie sich?	Was tun Sie normalerweise?	Wie reagiert Ihr Kind auf Ihr Verhalten? Verhalten dem Alter entsprechend	Ziel des Fehlverhaltens
verärgert/irritiert	nörgeln, schimpfen, erinnern	stellt unangemessenes Verhalten vorübergehend ein, wiederholt es dann; jammert	Aufmerksamkeit
wütend	strafen, kämpfen oder aufgeben	setzt das unangemessene Verhalten fort und widersetzt sich; beantwortet Bitten mit »Nein«	Macht

Wie fühlen Sie sich?	Was tun Sie normalerweise?	Wie reagiert Ihr Kind auf Ihr Verhalten? Verhalten dem Alter entsprechend	Ziel des Fehlverhaltens
verletzt	heimzahlen	zeigt Fehlverhalten verstärkt und versucht es immer wieder; schlägt oder beschimpft Sie	Rache
Vorschulkinder (3 – 6 Jahre):			
verärgert/irritiert	nörgeln, schimpfen, erinnern	stellt unangemessenes Verhalten vorübergehend ein, wiederholt es dann; jammert; »Schau was ich mache!« – versucht dauernd Aufmerksamkeit von Ihnen zu bekommen.	Aufmerksamkeit
wütend	strafen, kämpfen oder aufgeben	setzt das Fehlverhalten fort und widersetzt sich; hat Wutanfälle; widersetzt sich Ihnen, indem es so tut, als wären Sie ihm gleichgültig.	Macht
verletzt	heimzahlen	zeigt Fehlverhalten verstärkt und versucht es immer wieder; brüllt: »Ich mag dich nicht!« und »Du hast mich nicht lieb!«	Rache
hoffnungslos, verzweifelt; Sie wollen aufgeben	aufgeben und akzeptieren, dass das Kind der Aufgabe nicht gewachsen ist	reagiert nicht oder wird nicht besser; jammert: »Ich kann es einfach nicht.«	Beweis der Unfähigkeit

Was können wir tun, wenn unser Kind Fehlverhalten zeigt?

Verursachen wir Eltern das Fehlverhalten unserer Kinder? Nein. Unsere Kinder entscheiden sich für die Art, wie sie sich verhalten. Durch unsere Reaktion *beeinflussen* wir jedoch das Verhalten unserer Kinder.

Wenn wir so reagieren, wie unsere Kinder es erwarten, dann sind sie auf dem Weg, ihre negativen Ziele zu erreichen. Unsere Reaktionen helfen ihnen dabei. Kinder werden ein Verhalten, das funktioniert, nicht aufgeben. Wenn Jammern Aufmerksamkeit bringt, warum damit aufhören? Selbst: »Hör auf zu jammern!« ist für manche Kinder besser als gar keine Aufmerksamkeit.

Wenn wir jedoch auf andere Weise reagieren, senden wir andere Signale. Durch unsere Worte und Handlungsweise lassen wir das Kind wissen, dass wir sein Fehlverhalten nicht unterstützen. Auf diese Weise können wir ihm mit der Zeit helfen, sich für positive Ziele und angemessenes Verhalten zu entscheiden.

Wir entscheiden im Voraus, wie wir auf ein bestimmtes Verhalten reagieren. Wir erinnern uns auch daran, unser Kind bei jeder positiven Entwicklung zu ermutigen. Wir sind uns darüber im Klaren, dass Änderungen nicht sofort eintreten werden.

Ihr Kind kann keinen Machtkampf und keinen Rachefeldzug in Gang setzen, wenn Sie sich weigern, zu kämpfen oder es ihm heimzuzahlen.

Aufmerksamkeit

Wenn möglich ignorieren wir Verhalten, das auf Aufmerksamkeit abzielt. Wir entscheiden uns, nicht verärgert zu sein. Wir vermeiden es, Aufmerksamkeit immer dann zu geben, wenn das Kind sie fordert. Wir geben positive Aufmerksamkeit, wenn unser Kind es nicht erwartet. Positive Aufmerksamkeit fördert das Gefühl des Kindes, geschätzt und akzeptiert zu werden.

BEISPIEL
Die dreijährige Nadine sucht oft gerade dann Aufmerksamkeit – indem sie Lärm macht –, wenn ihre Mutter und ihr Stiefvater die Nachrichten schauen. Sie haben gelernt, Nadines Lärm zu ignorieren. Wenn notwendig, bringen sie Nadine – freundlich und bestimmt – auf ihr Zimmer, damit sie dort für eine halbe Stunde alleine spielt.

Nadines Mutter, Frau R., und ihr Stiefvater beachten Nadine ganz bewusst zu anderen Zeiten, wenn sie ihre Aufmerksamkeit nicht sucht.

BEISPIEL
Eines Abends sieht Frau R. ihren Mann Zeitung lesen. Nadine liegt neben ihm auf dem Sofa und blättert in einem Bilderbuch. Ihre Mutter sagt: »Nadine, es ist schön, dich so still neben Papa lesen zu sehen.« Später am Abend sagt Frau R. zu Nadine: »Möchtest du das Buch holen, das du vorhin angeschaut hast? Wir können es zusammen lesen.« Nadine lernt, dass sie Aufmerksamkeit verdient und sie auch bekommt – aber nicht auf Verlangen!

Macht

Wir weigern uns, zu kämpfen oder nachzugeben – wir weigern uns, wütend zu werden. Wenn möglich lassen wir unser Kind die *Konsequenz* – die Folge seines Fehlverhaltens – erfahren.

BEISPIEL
Der zweijährige Toni weigert sich, sein Mittagessen zu essen. Früher hat sein Vater, Herr L., sich mit ihm gestritten und versucht, ihn mit Tricks zum Essen zu bewegen.

65

Schließlich hat er versucht, ihn zum Essen zu zwingen, indem Toni im Hochstuhl sitzen bleiben musste. Seit kurzem versucht Herr L. es anders. Toni bekommt vormittags eine Kleinigkeit als Mahlzeit zwischendurch und ein gesundes Mittagessen. Wenn Toni sich nach einigen Minuten nicht entschließen kann zu essen, nimmt Herr L. ihn einfach aus dem Hochstuhl und sagt: »Ich glaube, du hast keinen Hunger. Vielleicht bist du dann beim Abendessen hungrig.« Zwischendurch am Nachmittag wird Toni nur Saft angeboten. Zum Abendessen gibt es ausgewogenes, gesundes Essen. Toni erkennt, dass die Weigerung, etwas zu essen, nicht mehr zu einem Machtkampf führt. Stattdessen muss er mit der Konsequenz leben – seinem knurrenden Magen.

Rache

Den Kreislauf der Rache zu durchbrechen ist nicht einfach. Es braucht Zeit. Unser Kind kann jedoch den Rachefeldzug nicht aufrechterhalten, wenn wir nicht mitmachen. Wenn unser Kind Rache sucht, weigern wir uns, uns verletzt zu fühlen. Statt zu versuchen, es ihm heimzuzahlen, arbeiten wir daran, Vertrauen und gegenseitigen Respekt aufzubauen.

BEISPIEL
Die Eltern der vierjährigen Franziska haben sich getrennt. Seit kurzem sagt sie zur Schlafenszeit: »Nein, ich will dich nicht, ich will Papa!« Die Mutter, Frau N., fühlt sich verletzt. Aber sie weiß, dass es Franziska nicht helfen wird, wenn sie verletzt oder wütend reagiert. Deshalb bleibt Frau N. ruhig. Sie sagt zu Franziska: »Ich weiß, du vermisst deinen Papa. Wenn du ihn dieses Wochenende besuchst, kann er dich zu Bett bringen.« Frau N. bleibt respektvoll. Gleichzeitig lässt sie Franziska wissen, dass sie ihre Gefühle versteht. Mit der Zeit wird das Franziska helfen zu lernen, dass sie kein Fehlverhalten zeigen muss, um dazuzugehören.

Beweis der eigenen Unfähigkeit

Ein Kind, das seine Unfähigkeit unter Beweis stellt, ist sehr entmutigt. Wir geben das Kind nicht auf! Wir vermeiden Kritik. Wir finden Stärken des Kindes, die wir durch Ermutigung fördern können. Wir konzentrieren uns auf die geringsten Bemühungen und Verbesserungen, die das Kind zeigt.

> BEISPIEL
> Julian ist fünf. Er glaubt, dass er Rad fahren nicht lernen kann. Seine Freunde fahren Rad im Park. Julian sitzt alleine auf der Schaukel. Seine Großmutter, Frau O., sagt nichts über das Radfahren. Stattdessen achtet sie auf Dinge, die Julian gut kann. Sie sagt:»Du kannst aber hoch schaukeln, Julian! Kannst du mir mal zeigen, wie du das machst?« Mit der Zeit kann diese Ermutigung Julian helfen. Er wird erkennen, dass er vieles gut kann. Später hilft ihm das vielleicht, den Mut zu finden, das Fahrradfahren wieder zu versuchen. Geduld und Ermutigung werden viel dazu beitragen, Julian zu helfen, Selbstvertrauen zu entwickeln.

Positive Verhaltensziele

Wir haben gesehen, dass die Wertvorstellungen und Überzeugungen unserer Kinder zu Fehlverhalten führen können. Jede Wertvorstellung und Überzeugung, die zu Fehlverhalten führt, hat aber auch eine Kehrseite – eine positive Wertvorstellung bzw. Überzeugung, die zu positiven Verhaltenszielen führen kann.

Beteiligung

Ein Kind, das Aufmerksamkeit will, sendet folgende Botschaft: »Ich möchte einen Beitrag leisten. Bitte helft mir zu lernen, wie ich mich beteiligen kann.« Wir ermutigen unser Kind, zu helfen und sich so zu beteiligen. Das hilft, das

Ziel *Aufmerksamkeit* wieder richtig einzustellen. Wir stellen uns vor, dass unser Kind sagt: »Beachte mich, wenn ich ›gut‹ bin.«

Unabhängigkeit und Selbstständigkeit

Macht positiv auszuüben bedeutet, für sein eigenes Verhalten und seine eigenen Entscheidungen verantwortlich zu sein. Das Kind sagt so etwas wie: »Bitte gib mir Wahlmöglichkeiten, damit ich lernen kann, verantwortungsvoll und selbstständig zu sein.« Statt Machtkämpfe zu führen, achten wir darauf, unserem Kind diese Wahlmöglichkeiten zu geben. Das hilft unserem Kind zu glauben: »Ich kann Macht auf hilfreiche und nützliche Art ausüben.«

Fairness

Für Kinder, die *Rache* suchen, ist Fairness oft wichtig. Ihre Botschaft lautet: »Ich möchte, dass alles fair ist. Bitte helft mir zu lernen, zu kooperieren.« Indem wir unserem Kind helfen, beim Spielen gerecht zu teilen, fördern wir dieses Bestreben.

Kompetent sein

Indem es seine *Unfähigkeit unter Beweis* stellt, sendet unser Kind möglicherweise die Botschaft: »Ich brauche Zeit, um mich zu entwickeln. Auch ich möchte kompetent sein. Bitte helft mir, mir selbst zu vertrauen.« Wir bemühen uns, die positiven Gefühle unseres Kindes sich selbst gegenüber zu fördern. Wir betonen, was das Kind tun kann. Wir stellen uns vor, dass das Kind sagt: »Ganz gleich, was ich sage oder tue, gib mich niemals auf.«

In den nächsten beiden Kapiteln lernen wir viele Möglichkeiten kennen, mit unserem Kind zu sprechen und ihm zuzuhören. Wir schauen uns an, wie wir unserem Kind helfen können, positive Wertvorstellungen und Überzeugungen zu entwickeln und positive Wege zu finden, dazuzugehören.

STEP ERMUTIGUNG

Bemühen Sie sich diese Woche besonders, Ihr Kind zu akzeptieren. Beachten Sie, wie das Ihrem Kind helfen kann, Selbstvertrauen zu entwickeln.

Werden Sie sich darüber im Klaren, wann Sie beurteilen und kritisieren wollen. Finden Sie eine Möglichkeit, wie Sie Ihr Kind stattdessen unterstützen können. Sagen Sie zum Beispiel:

- »Du warst total sauer, und trotzdem hast du Worte benutzt und nicht geschlagen. Ich freue mich, dass du dich daran erinnert hast.«

- »Es ist schwer, so lange zu warten, bis dein Freund kommt. Schön, dass du so geduldig bist.«

AUFGABE DER WOCHE

In Situationen, in denen Sie sich durch das Verhalten Ihres Kindes herausgefordert fühlen, beruhigen Sie sich zuerst (siehe dazu Seite 34).

Beobachten Sie das Verhalten Ihres Kindes und fragen Sie sich:

- ✓ Entspricht das Verhalten dem Entwicklungsstand des Kindes oder seiner Erfahrung?

- ✓ Muss ein Bedürfnis des Kindes befriedigt werden (z.B. Hunger, Müdigkeit, etc.)?

- ✓ Handelt es sich bei dem Verhalten wirklich um Fehlverhalten? Wenn dem so ist, fragen Sie sich:

1. Was hat mein Kind gemacht?

2. Wie habe ich mich gefühlt?

3. Wie habe ich mich verhalten?

4. Was hat mein Kind daraufhin gemacht?

5. Um welches Ziel des Fehlverhaltens handelt es sich meiner Meinung nach?

Überlegen Sie sich, wie Sie Ihr Verhalten ändern könnten, und beginnen Sie damit, das Fehlverhalten des Kindes umzulenken. Halten Sie außerdem Ausschau nach Möglichkeiten, Ihrem Kind zu helfen, durch positives Verhalten dazugehören.

NUR FÜR SIE

WAS IST IHRE PRIORITÄT?

Alle Menschen wollen dazugehören. Wie sie das erreichen, hängt von ihren Prioritäten ab – jenen Dingen, die für sie im Leben am wichtigsten sind. Obwohl jeder Mensch einzigartig ist, gibt es vier Prioritäten, die beschreiben, wie Menschen mit ihrer Umwelt interagieren.

Um Ihre eigenen Prioritäten herauszufinden, machen Sie diesen einfachen Test: Welche der folgenden Aussagen ist Ihnen am wichtigsten? Schreiben Sie eine »1« davor. Schreiben Sie eine »2« vor die zweitwichtigste und eine »3« bzw. »4« vor die anderen.

_____ A. Ich möchte vermeiden, abgelehnt zu werden.

_____ B. Ich möchte vermeiden, dass mir etwas peinlich ist.

_____ C. Ich möchte Stress oder Konflikt vermeiden.

_____ D. Ich möchte vermeiden, bedeutungslos zu sein.

A. Wenn Sie hier eine »1« eingetragen haben, dann ist das Ziel, andere zufrieden zu stellen, wahrscheinlich Ihre höchste Priorität. Sie möchten anderen gefallen.

B. Wenn Sie hier Ihre »1« eingetragen haben, dann ist Kontrolle wahrscheinlich Ihre höchste Priorität. Sie möchten in der Verantwortung stehen. Sie möchten nicht von jemand anderem kontrolliert werden.

C. Wenn Sie hier Ihre »1« eingetragen haben, dann ist wahrscheinlich Bequemlichkeit/Gelassenheit Ihre höchste Priorität. Sie möchten sich von Stress oder Konflikten nicht behelligen lassen.

D. Wenn Sie hier Ihre »1« eingetragen haben, dann ist Perfektion wahrscheinlich Ihre höchste Priorität. Sie wollen Ihrem Leben Bedeutung verleihen. (Siehe Tabelle S. 73: Sie erfahren dort, wie Ihre Prioritäten auf Sie und Ihr Kind Einfluss nehmen.)

Zusammenfassung

1. Wertvorstellungen und Überzeugungen sind geprägt von den Vorstellungen, die Ihr Kind darüber entwickelt hat, was in Ihrer Familie wichtig ist, was Sie sagen und tun sowie von Ihrem Erziehungsstil und der Position des Kindes in der Familie.

2. Alle Kinder wollen dazugehören. Wertvorstellungen und Überzeugungen haben einen Einfluss darauf, wie Ihr Kind sich entscheidet, dazuzugehören.

3. Kinder bekommen ein Zugehörigkeitsgefühl sowohl durch positives Verhalten als auch durch Fehlverhalten.

4. Manchmal verlangen Sie zu viel. Das Kind ist vielleicht neugierig, müde, krank, hungrig oder gelangweilt. Vielleicht empfinden Sie sein Verhalten als störend. Es handelt sich dabei jedoch nicht immer um Fehlverhalten.

5. Es gibt vier Ziele des Fehlverhaltens:
   - Aufmerksamkeit,
   - Macht,
   - Rache,
   - Beweis der eigenen Unfähigkeit.

6. Um das Ziel des Kindes zu identifizieren, beachten Sie[1]:
   - wie Sie sich fühlen, wenn das Kind Fehlverhalten zeigt,
   - wie Sie sich verhalten,
   - wie Ihr Kind auf Ihr Verhalten reagiert.

7. Beachten Sie, dass ein Baby gewöhnlich kein Fehlverhalten zeigt, sondern ein spezielles Bedürfnis hat.

8. Wenn Sie trotzdem Fehlverhalten bei Ihrem älteren Baby erkennen, handelt es sich um die Ziele Aufmerksamkeit oder Macht – nicht aber um Rache oder den Beweis der Unfähigkeit. Kleinkinder versuchen selten, ihre Unfähigkeit unter Beweis zu stellen.

9. Wenn Ihr Kind Fehlverhalten zeigt, tun oder sagen Sie etwas, was Ihr Kind nicht erwartet[2]. Geben Sie positive Aufmerksamkeit und Anerkennung. Bauen Sie das Vertrauen und Selbstvertrauen Ihres Kindes auf.

1 siehe Tabelle 2a, Seite 62 f.
2 siehe Tabelle 2b, Seite 74 f.

Nur für Sie: Was ist Ihre Priorität?

Die folgende Tabelle führt einige Möglichkeiten auf, wie Prioritäten auf Sie und Ihre Kinder Einfluss nehmen können.

Ihre Priorität	Einfluss auf Sie		Einfluss auf Ihr Kind	
	Möglicher Vorteil	Möglicher Nachteil	Möglicher Vorteil	Möglicher Nachteil
Gefallen wollen	Sie kommen gut mit anderen zurecht. Sie wissen, was andere wollen.	Sie fühlen sich ausgenutzt (evtl. mit Recht) und nicht respektiert.	Es hat weniger Konflikte in seinem Leben; es fühlt sich schnell verstanden.	Es verhält sich respektlos, nutzt andere aus.
Kontrolle	Sie denken logisch und sind gut organisiert.	Sie finden es schwer, anderen Menschen nahe zu kommen und Gefühle mitzuteilen.	Es erfährt Grenzen und lernt, sich zu organisieren und rücksichtsvoll zu sein.	Es kommt zu häufigen Machtkämpfen oder das Kind hat Angst, Gefühle mitzuteilen.
Bequemlichkeit/ Gelassenheit	Sie sind sehr umgänglich und haben wenig Konflikte.	Sie fühlen sich nicht ausgefüllt, haben das Gefühl, nicht genug zu erreichen.	Es erlebt wenig Konflikte, kann eigene Interessen verfolgen.	Interessen bleiben unbeachtet oder werden als unwichtig angesehen.
Perfektionismus	Sie sind fähig und kreativ.	Sie fühlen sich überbeansprucht und mit zu viel Verantwortung beladen.	Es ist kreativ und hat eine positive Lebenseinstellung und Weltanschauung.	Es empfindet sich als nicht gut genug, weil es perfekt sein muss.

- Welche positiven Einflüsse hat Ihre Priorität auf Ihr Leben und auf Ihre Einstellung zur Kindererziehung?
- Welche negativen Einflüsse hat Ihre Priorität?
- Welche Änderungen möchten Sie evtl. vornehmen?

Tabelle 2b

Der Umgang mit Fehlverhalten: Sie tun das Unerwartete und ändern die Perspektive

Babys (0 – 18 Monate):

- Zuerst gehen Sie davon aus, dass das Baby Ihnen durch **störendes Verhalten** ein Bedürfnis mitteilen möchte. Achten Sie darauf, dass sein Bedürfnis befriedigt wird.
- Wenn Sie feststellen, dass Ihr älteres Baby Aufmerksamkeit oder Macht sucht (nachdem Sie grundsätzliche Bedürfnisse – z.B. Hunger, Müdigkeit etc. – ausgeschlossen haben), ignorieren Sie das Fehlverhalten, lenken Sie das Kind ab und geben Sie an anderer Stelle Aufmerksamkeit für positives Verhalten.

Kleinkinder (18 – 36 Monate):

Ziel des Fehlverhaltens des Kindes	Verhalten bzw. Überzeugung/ negative Wertvorstellung des Kindes	Was können Sie tun? (das Unerwartete tun, die Perspektive ändern)	Positive Kehrseite: Verhaltensziele und positive Wertvorstellungen des Kindes
Aufmerksamkeit	Quengelt; »Ich muss jederzeit beachtet werden.«	Geben Sie Aufmerksamkeit für positives Verhalten. Lenken Sie die Aufmerksamkeit des Kindes auf andere Aktivitäten um.	Dazugehörigkeit durch Beteiligung: »Ich möchte mich beteiligen. Bitte helft mir zu lernen, wie ich mich beteiligen kann.«
Macht	Beantwortet Bitten mit »Nein«; »Ich sage, was gemacht wird. Du kannst mich nicht dazu bringen, etwas anderes zu tun!«	Geben Sie Wahlmöglichkeiten, damit das Kind Entscheidungen treffen kann.	Dazugehörigkeit durch Selbstständigkeit: »Ich möchte selbstständig sein. Bitte helft mir zu lernen, verantwortlich zu handeln.«

Ziel des Fehlverhaltens des Kindes	Verhalten bzw. Überzeugung/negative Wertvorstellung des Kindes	Was können Sie tun? (das Unerwartete tun, die Perspektive ändern)	Positive Kehrseite: Verhaltensziele und positive Wertvorstellungen des Kindes
Rache	Schlägt oder beschimpft Sie; »Du magst mich nicht.« »Du hast mich nicht lieb.«	Nehmen Sie das Fehlverhalten nicht persönlich. Fühlen Sie sich nicht verletzt und strafen Sie nicht. Bauen Sie Vertrauen und Respekt auf.	Dazugehörigkeit durch Fairness: »Ich möchte, dass alles fair ist. Bitte helft mir zu lernen, zu kooperieren.«

Vorschulkinder (3 – 6 Jahre):

Ziel des Fehlverhaltens des Kindes	Verhalten bzw. Überzeugung/negative Wertvorstellung des Kindes	Was können Sie tun? (das Unerwartete tun, die Perspektive ändern)	Positive Kehrseite: Verhaltensziele und positive Wertvorstellungen des Kindes
Aufmerksamkeit	»Schau was ich mache!« – sucht dauernd Aufmerksamkeit von Ihnen. Hört vorübergehend auf, wiederholt dann das Fehlverhalten. »Ich möchte bemerkt werden oder ich möchte, dass man mich bedient.«	Ignorieren Sie das Fehlverhalten. Geben Sie Aufmerksamkeit für positives Verhalten, wenn das Kind es nicht erwartet oder einfordert. Verbringen Sie jeden Tag mit dem Kind eine gewisse Zeit, in der Sie Ihrem Kind Ihre ungeteilte Aufmerksamkeit schenken. Ertappen Sie das Kind dabei, wenn es kooperiert!	Dazugehörigkeit durch Beteiligung: »Ich möchte einen Beitrag leisten. Bitte helft mir zu lernen, wie ich mich beteiligen kann.«
Macht	Hat Wutanfälle, widersetzt sich Ihnen, indem es so tut, als wären Sie ihm gleichgültig. Setzt das Fehlverhalten fort. »Du kannst mich nicht zwingen.«	Streiten Sie nicht und geben Sie nicht nach. Geben Sie Wahlmöglichkeiten, damit das Kind Entscheidungen treffen kann. Lassen Sie Konsequenzen folgen.	Dazugehörigkeit durch Selbstständigkeit: »Ich möchte selbstständig sein. Bitte helft mir zu lernen, verantwortlich zu handeln.«

Ziel des Fehlverhaltens des Kindes	Verhalten bzw. Überzeugung/ negative Wertvorstellung des Kindes	Was können Sie tun? (das Unerwartete tun, die Perspektive ändern)	Positive Kehrseite: Verhaltensziele und positive Wertvorstellungen des Kindes
Rache	Brüllt: »Ich mag Dich nicht!« »Du bist doof!« Zeigt verstärkt das Fehlverhalten, versucht es immer wieder. »Ich verletze dich, weil du mir weh tust.«	Nehmen Sie das Fehlverhalten nicht persönlich. Fühlen Sie sich nicht verletzt und strafen Sie nicht. Bauen Sie Vertrauen und Respekt auf.	Dazugehörigkeit durch Fairness: »Ich möchte, dass alles fair ist. Bitte helft mir, zu lernen zu kooperieren.«
Beweis der eigenen Unfähigkeit	Jammert: »Ich kann es einfach nicht.« Reagiert nicht oder lernt nicht dazu. »Ich bin hilflos. Ich kann das nicht.«	Beachten Sie jede Bemühung und jeden Versuch. Bemitleiden Sie das Kind nicht.	Dazugehörigkeit durch Kompetenz: »Ich brauche Zeit, um mich zu entwickeln. Ich möchte erfolgreich sein. Bitte helft mir, mir selbst zu vertrauen.«

3
Wir helfen unseren Kindern, in den frühen Lebensjahren Selbstbewusstsein zu entwickeln

In diesem Kapitel werden Sie Folgendes lernen:

☞ Respekt und Ermutigung helfen, das Selbstbewusstsein Ihres Kindes aufzubauen.

☞ Ermutigung kann Ihrem Kind helfen, sich geliebt, akzeptiert, respektiert und geschätzt zu fühlen.

☞ Lob und Ermutigung sind nicht das Gleiche.

☞ Ermutigen Sie sich selbst.

Wir möchten, dass unser Kind positive Wertvorstellungen und Überzeugungen entwickelt, damit es positive Möglichkeiten findet, dazuzugehören. Das wird dem Kind leichter fallen, wenn es ein starkes Selbstbewusstsein besitzt. Selbstbewusstsein ist für uns alle wichtig – für Kinder und für Erwachsene.

Was ist Selbstbewusstsein?

Damit bezeichnen wir die Überzeugung, dass wir dazugehören und

✓ akzeptiert werden,

✓ Stärken und Fähigkeiten besitzen,

✓ geliebt werden.

Selbstbewusstsein hilft unseren Kindern, bereit zu sein, die Herausforderungen des Lebens anzunehmen. Es hilft ihnen, Probleme zu überwinden. Selbstbewusstsein hilft den Kindern zu sagen: »Ich kann« und »Ich will«.

Wir beginnen jetzt damit, das Selbstbewusstsein unseres Kindes aufzubauen

In den ersten sechs Jahren entstehen die Wertvorstellungen und Überzeugungen unserer Kinder bezüglich ihres Selbstwertes. Wir Eltern können unser Vertrauen und unseren Respekt für unser Kind zeigen. Dafür ist jetzt die richtige Zeit. Wie gehen wir dabei vor?

Wir zeigen Respekt

Eine Möglichkeit, Kindern zu helfen, Selbstbewusstsein aufzubauen, ist durch Respekt. Wir respektieren uns selbst. Wir behandeln unser Kind mit Respekt. Indem wir das tun, zeigen wir unserem Kind, wie wichtig Respekt beim Umgang miteinander ist.

Wenn Sie als Eltern an Ihre Kinder glauben, helfen Sie Ihren Kindern, an sich selbst zu glauben.

Wir respektieren uns selbst

Wenn wir uns selbst respektieren und akzeptieren, geben wir unserem Kind ein Beispiel, dem es folgen kann. Es gibt eine Reihe von Möglichkeiten, unser eigenes Selbstwertgefühl aufzubauen. Wir wollen

✓ unsere eigenen Interessen und Ziele entwickeln,

✓ entdecken, was wir gut können,

✓ unsere Bemühungen bemerken, nicht nur unsere Erfolge,

✓ positiv denken über uns und andere,

✓ unseren Sinn für Humor nutzen,

✓ uns darüber im Klaren sein, dass wir Erziehungsfehler machen werden – und dass unser Kind höchstwahrscheinlich trotzdem in Ordnung sein wird,

✓ uns Zeit für uns selbst nehmen,

✓ uns daran erinnern, dass wir von Wert sind, einfach dadurch, dass wir wir selbst sind – nicht, weil wir gute Eltern sind.

BEISPIEL

Ines ist vier. Als sie das erste Mal ihren neuen roten Malstift benutzt, zerbricht sie ihn. Sie weint. Rot ist ihre Lieblingsfarbe. Frau Z., die Mutter von Ines, hat das Wasserrohr zerbrochen, das sie reparieren wollte. Sie ist bestürzt darüber. Sie wollte Geld sparen. Jetzt muss sie jemanden kommen lassen. Außerdem hat sie ein großes Durcheinander verursacht. Frau Z. schaut Ines verständnisvoll an und sagt zu ihr: »Heute ist uns beiden etwas kaputtgegangen. Ich bin ganz schön gestresst und ärgere mich. Ich kann mir vorstellen, du fühlst dich auch so, stimmt's?«

Für einen Erwachsenen ist das Wasserrohr natürlich wichtiger als der zerbrochene Farbstift. Frau Z. hat jedoch gezeigt, dass auch die Probleme von Ines wichtig sind. Sie hat sich keine Selbstvorwürfe gemacht, weil sie das Rohr nicht reparieren konnte. Sie hat auch Ines nicht vorgeworfen, dass sie den Stift zerbrochen und dass sie geweint hat. Frau Z. hat für sich und für Ines Respekt gezeigt. Wenn Frau Z. das auch weiter tut, ist es wahrscheinlich, dass Ines lernt, sich selbst und andere zu akzeptieren und zu respektieren.

Wir helfen unserem Kind, Respekt zu lernen

Kleine Kinder zeigen nicht von Natur aus Respekt für andere. Sie denken normalerweise nur an sich selbst. Wir können von unserem Kind nicht erwarten, dass es so respektvoll wie ein Erwachsener ist. Kleine Kinder können jedoch mit der Zeit lernen, andere Menschen zu respektieren. Sie lernen dies, indem wir sie mit Respekt behandeln.

Es ist nie zu früh damit anzufangen, einem Kind beizubringen, was Respekt bedeutet. Wie gehen wir dabei vor?

✓ Wir schenken unserem Kind unsere ungeteilte Aufmerksamkeit bei gemeinsamen Aktivitäten (z.B. auf Handy verzichten). Wir zeigen, dass wir unser Kind lieben und wertschätzen. Wir zeigen, dass wir unser Kind lieben und wertschätzen. Wir beachten die Gefühle unseres Kindes:

● »Du bist sauer, dass das Kätzchen nicht mit dir spielt. Aber es ist müde und möchte jetzt schlafen.«

● »Schau dir dieses Lächeln an! Ich freue mich so sehr, dich zu sehen!«

● »Ich weiß, du bist traurig, dass du deinen Teddybär verloren hast. Möchtest du mit mir darüber reden/mir mehr darüber erzählen?«

✓ Wir beachten und schätzen das Besondere an unserem Kind:

● »Was höre ich da für eine laute, glückliche Stimme aus dem Laufstall! Du sprichst gerne, nicht wahr?«

● »Deine Hand ist gerade groß genug, um hinter die Kommode zu reichen. Kannst du den Ball finden, der dahinter gerollt ist?«

- »Du malst so schöne Blumen! Lass uns das Bild Deiner Oma schicken!«

✓ Wir unterstützen die Interessen unseres Kindes. Wir interessieren uns für das, was unserem Kind Freude macht:

- »Du baust so gerne. Lass uns etwas mit deinen Bausteinen bauen!«
- »Ich weiß, du magst die Grüffelo-Geschichten gerne. Wir können noch ein anderes Buch mit Grüffelo in der Bücherei ausleihen.«

✓ Wir geben Wahlmöglichkeiten. Dies ist eine Möglichkeit, Machtentfaltung auf positive Weise zu fördern:

- »Das hört sich an, als ob du hungrig wärst! Sollen wir den Karotten- oder den Erbsenbrei warm machen?«
- Möchtest du heute den grünen oder den gelben Pulli anziehen?«

✓ Wir helfen unserem Kind, aus Fehlern zu lernen. Fehler können uns etwas beibringen. Wir helfen unserem Kind zu lernen, keine Angst vor Fehlern zu haben:

- »Ich habe nicht genug Mehl in diese Plätzchen getan. Nächstes Mal weiß ich, wie viel Mehl ich verwenden muss.«
- »Dein Milchbecher ist vom Tisch gefallen. Nächstes Mal stellst du ihn mehr in die Mitte des Tisches. Hier ist ein Schwamm. Lass uns gemeinsam aufwischen.«

✓ Wir zeigen Respekt für uns selbst. Es bedeutet ein gutes Beispiel für unser Kind:

- »Ich habe die Tür repariert so gut ich konnte. Ich bin froh, dass sie jetzt wieder besser schließt.«
- »Ich habe einen langen Spaziergang gemacht – das hat mir geholfen, mich heute besser zu fühlen!«

Wir lernen zu ermutigen

Damit unser Kind an Selbstbewusstsein gewinnt, respektieren und ermutigen wir es.

Was ist Ermutigung?

Ermutigung ist eine Haltung und eine Fertigkeit, durch die wir unseren Kindern zeigen, dass sie dazugehören, d.h

✓ akzeptiert werden,

✓ Stärken und Fähigkeiten besitzen und

✓ geliebt werden.

Wir betrachten uns die Worte *ermutigen* und *entmutigen*. Beide beinhalten das Wort *Mut*. Mut ist ein wichtiger Teil des Selbstbewusstseins.

Das Kind hat den Mut, zu lernen und Neues auszuprobieren. Ein entmutigtes Kind hat wenig Selbstbewusstsein. Es hat weder den Mut, sich zu entscheiden, auf positive Weise dazuzugehören, noch den Mut, zu lernen und Neues auszuprobieren.

Ermutigung hilft Kindern zu lernen, an sich selbst zu glauben. Durch Ermutigung lernen sie, ihre eigenen Stärken und besonderen Qualitäten zu entdecken.

Wenn wir ermutigen, beabsichtigen wir nicht, unser Kind dazu zu bringen, perfekt zu sein. Stattdessen beachten wir seine Bemühungen und Verbesserungen. Wir zeigen, dass wir unser Kind akzeptieren. Indem wir es nicht mit anderen vergleichen, helfen wir unserem Kind, seine einzigartigen individuellen Fähigkeiten zu schätzen.

BEISPIEL

Julius und Fabian sind Cousins. Sie sind beide elf Monate alt. Sie sehen einander sehr ähnlich, verhalten sich aber sehr unterschiedlich. Bei Familientreffen ist Julius stets in Bewegung. Er schaut sich alles, was er sieht, genau an. Er ist schnell und entschlossen. Fabian dagegen sitzt da, lächelt und plappert. Wenn er ein Spielzeug zum Spielen hat, ist er glücklich.

Die Familien von Julius und Fabian möchten beide Jungen ermutigen. Sie tun dies, indem sie jedes Kind für sich zu schätzen wissen. Sie sehen, dass jeder Junge besondere Qualitäten hat. Sie mögen die Unterschiede und machen keine negativen Vergleiche. Sie sagen zu jedem Kind: »Es sieht so aus, als hättest du wirklich viel Spaß.«

Durch die Ermutigung der Eltern lernen die Kinder, mit sich selbst zufrieden zu sein. Um sich gut zu fühlen, sind sie nicht davon abhängig, ob sie andere Menschen mit ihren Bemühungen zufrieden stellen.

BEISPIEL
Die sechsjährige Fatima lernt Druckbuchstaben zu schreiben. Sie zeigt sie ihrem Vater, Herrn G., und sagt: »Wie findest du sie? Habe ich das gut gemacht?« Herr G. erwidert: »Das wichtigste ist, was du von deinen Buchstaben hältst. Findest du die Buchstaben gut, die du gemacht hast? Ich habe gesehen, wie hart du gearbeitet hast. Es scheint dir Spaß zu machen. Und ich freue mich mit dir.«

Diese Reaktion mag unnatürlich klingen. Aber sie ist ermutigend. Sie hilft Fatima zu entscheiden, wie sie sich hinsichtlich ihrer Arbeit fühlt. Es zeigt ihr, dass sie nicht jemand anderem gefallen muss, um mit sich zufrieden zu sein.

Wie können wir unser Kind ermutigen?

Wir arbeiten daran, Ermutigung im Alltag immer häufiger anzuwenden. Wir können einige Fertigkeiten lernen und üben, um zu zeigen, dass wir

✓ unser Kind lieben und akzeptieren,
✓ an unser Kind glauben,

✓ Bemühungen und Verbesserungen bemerken,

✓ unser Kind schätzen.

Wir lieben und akzeptieren unser Kind

Kinder entwickeln sich in ihrem eigenen Tempo. Sie haben unterschiedliche Fähigkeiten entwickelt. Sie haben auch verschiedene Interessen. Jedes Kind hat seine eigenen Höhen und Tiefen, Stärken und Schwächen. Jedes Kind ist einzigartig.

Es ist wichtig, alle Eigenschaften unseres Kindes zu schätzen und zu akzeptieren. Wenn wir das tun, sehen unsere Kinder, dass wir nicht von ihnen erwarten, dass sie perfekt sind. Sie erkennen, dass wir sie dafür lieben und wertschätzen, dass es sie gibt.

**Ermutigung hilft Kindern zu lernen,
an sich zu glauben.**

Wir glauben an unser Kind

Wir zeigen durch unsere Worte, Ton, Gestik und Mimik sowie durch unser Handeln, dass wir an unser Kind glauben:

✓ »Komm nur – du kannst den Ball selbst fangen.«

✓ »Du lernst, deine Schnürsenkel zu binden.«

Wir beachten Bemühungen und Verbesserungen

Wir lernen die großen und kleinen Schritte unseres Kindes zu schätzen:

✓ »Na schau mal her! Du hast den Löffel selbst in den Mund gesteckt!«

✓ »Du hast dich daran erinnert, vor dem Essen die Hände zu waschen.«

Wir wissen unser Kind zu schätzen

Wir beachten positives Verhalten. Wir zeigen, dass wir die Stärken und besonderen Qualitäten unseres Kindes sehen und wertschätzen:

✓ »Es war nett von dir, deine Spielsachen mit deinen Cousins zu teilen. Habt ihr zusammen Spaß gehabt?«

✓ »Möchtest du deinem kleinen Bruder etwas vorsingen. Vielleicht ist es dann leichter für ihn einzuschlafen. Er hört dich gerne singen.«

Was ist der Unterschied zwischen Ermutigung und Lob?

Viele Eltern glauben, dass sie ihre Kinder ermutigen, wenn sie sie loben. Es ist ihnen nicht bewusst, dass Lob auch *entmutigend* wirken kann. Lob und Ermutigung sind nicht das Gleiche. Sie verfolgen einen unterschiedlichen Zweck.

Lob und Ermutigung sind nicht das Gleiche.

Lob ist eine Belohnung

Lob ist eine Art Belohnung. Kinder *verdienen* sich Lob. Lob *belohnt* das Kind mit der Wertschätzung der Eltern.

Ermutigung ist ein Geschenk

Niemand braucht sich Ermutigung zu verdienen. Sie ist für jeden da. Ermutigung kann für Bemühungen und Verbesserungen gegeben werden. Sie kann auch als eine Möglichkeit gesehen werden, dem Besonderen Beachtung zu schenken. Sie kann jederzeit gegeben werden, insbesondere dann, wenn das Kind sich abmüht, kurz davor ist, aufzugeben, oder eine Niederlage erlitten hat.

BEISPIEL
Die vierjährige Eva malt ein Bild. Sie zeigt es ihrer Mutter, Frau H. Frau H. ist nicht sicher, was das Bild darstellen soll. Sie sagt jedoch zu Eva: »Das ist ein tolles Bild! Das hast du wirklich gut gemacht! Ich bin sehr stolz auf dich!«

Eva wird mit diesem Lob ihrer Mutter wahrscheinlich ganz glücklich sein. Vielleicht lernt sie dabei aber auch, dass es wichtig ist, anderen zu gefallen. Es ist nicht falsch, anderen gefallen zu wollen. Aber wenn sie viel Lob bekommt, wird Eva anfangen zu glauben, dass sie anderen Leuten gefallen *muss*. Vielleicht entscheidet sie für sich, dass dies die einzige Möglichkeit ist, sich geschätzt zu fühlen. Vielleicht wird sie »abhängig« von Lob.

BEISPIEL
Lukas ist drei Jahre alt. Er malt ein Bild. Er zeigt es Herrn F., seinem Stiefvater. Herr F. schaut sich das Bild sorgfältig an. Dann sagt er liebevoll zu Lukas: »Ich sehe, dass du mit deinem Bild zufrieden bist. Du magst rot und grün gerne.«

Herr F. ermutigt Lukas, mit sich selbst zufrieden zu sein. Er möchte, dass Lukas lernt, nicht von der Anerkennung anderer abhängig zu sein. Herr F. könnte Lukas auch bitten, ihm zuerst etwas über sein Bild zu erzählen. Das würde Lukas eine Gelegenheit geben, seine Gefühle und Ideen mitzuteilen.

Bedeutet das, dass wir unser Kind niemals loben sollen? Sicherlich nicht. Es gibt Zeiten, zu denen Lob – in Verbindung mit Ermutigung – hilfreich sein kann.

BEISPIEL
Lea ist zweieinhalb. Sie hat den ersten ganzen Tag Sauberkeitstraining ohne »Unfall« hinter sich gebracht. Zur Schlafenszeit sagt ihr Vater zu ihr: »Toll gemacht, Lea! *(Lob)* Du hast den ganzen Tag das Töpfchen benutzt!« *(Ermutigung)*. Lea strahlt glücklich. Diese Art Anerkennung ist wirkungsvoll. Durch das Lob erfährt Lea die Zustimmung (Bewer-

tung) des Vaters. Durch die Ermutigung weiß Lea, was genau sie richtig gemacht hat.

Lea fühlt sich gut wegen ihres Erfolgs. Ihre Familie hat von Anfang an ihre Bemühungen und Fortschritte beachtet. Als Lea das erste Mal die Toilette benutzt hat, haben sie gelächelt und gesagt: »Hat es dir gefallen, wie Mami und Papi die Toilette zu benutzen?« Als sie die Hose nass gemacht hat, hat niemand eine große Sache daraus gemacht. Stattdessen sagte ihre Mutter: »Mir scheint, du brauchst eine frische Hose. Geh schon mal und hole sie aus der Schublade. Ich helfe dir beim Umziehen.«

Über Wochen und Monate hinweg hat diese Art Ermutigung Lea geholfen. Sie braucht keine Windeln mehr, sie benutzt jetzt die Toilette – sie hat sich in ihrem eigenen Tempo entwickelt. An diesem Abend ist das Lob des Vaters angebracht. Weshalb? Weil Lea weiß, dass ihre Familie sie liebt und akzeptiert – unabhängig davon, wann oder wie gut oder schnell sie lernt, die Toilette zu benutzen.

Eltern, die nur die Sprache des Lobes kennen, können diese mit der Sprache der Ermutigung ergänzen.

Beim Loben benutzen wir Worte, mit denen wir bewerten

»Du bist so ein liebes Kind!« Sich die ganze Zeit dieser Aussage entsprechend zu verhalten, ist nicht einfach. Wenn ein Kind diese Aussage hört, denkt es vielleicht: »Erwarten meine Eltern von mir, dass ich immer lieb bin? Was passiert, wenn ich nicht lieb bin? Bin ich dann schlecht?«

»Ich bin so stolz auf dich!« Wenn ein Kind das hört, hört es vielleicht: »Du gefällst mir, weil du tust, was ich will.« Das Kind macht sich vielleicht Sorgen: »Was wird passieren, wenn ich es nicht schaffe, dass Papa und Mama auf mich stolz sein können?«

Beim Ermutigen benutzen wir Worte, mit denen wir beschreiben, was wir beobachten

Wir nehmen wahr, wenn sich das Kind kooperativ zeigt, und sagen es ihm. Beim Ermutigen beachten wir, wie sich das Kind fühlt. Um ein Kind zu ermutigen, sagen wir z.B.:

- »Danke, dass du beim Einkaufen geduldig warst.«
- »Ich sehe, du bist ganz stolz darauf, dass du deinen Namen schreiben kannst.«

Die Sprache der Ermutigung

Wenn wir ermutigen, benutzen wir eine besondere Sprache. Es folgen einige Beispiele von Aussagen, mit denen wir kleine Kinder ermutigen können:

✓ »Das scheinst du zu mögen.«

✓ »Wie fühlst du dich?«

✓ »Wie gefällt es dir?«

✓ »Du schaffst es.«

✓ »Danke. Das hat mir sehr geholfen.«

✓ »Ich brauche deine Hilfe beim _____.«

✓ »Du hast wirklich hart daran gearbeitet!«

✓ »Du wirst immer besser im _____.«

✓ »Ich weiß deine Hilfe zu schätzen.«

✓ »Du machst wirklich Fortschritte.«

Ein Wort der Vorsicht

Manchmal sagen Eltern etwas Ermutigendes, aber dann fügen sie etwas Entmutigendes hinzu. Zum Beispiel sagen Eltern vielleicht: »Ich sehe, du hast wirklich hart daran gearbeitet.« Das Kind würde sich ermutigt fühlen. Aber was wäre, wenn die Eltern etwa Folgendes hinzufügen würden?

✓ »Du hast hart daran gearbeitet… Ich wünschte, du würdest das immer tun.«

✓ »Du kannst es schaffen… wenn du mit dem Heulen aufhörst und mit der Arbeit anfängst.«

Solche Aussagen ermutigen zunächst und dann nehmen sie die Ermutigung wieder zurück. Das Kind fühlt sich letztendlich *entmutigt*. Wir erinnern uns, dass wir das Selbstbewusstsein unseres Kindes aufbauen wollen. Wir wollen unser Kind nicht antreiben, perfekt zu sein!

Ermutigen Sie Ihr Kind zu lernen.
Treiben Sie Ihr Kind nicht an.

Suchen Sie nach Wegen, die Interessen Ihres Kindes zu fördern.

Wie helfen wir unserem Kind, sich zu entwickeln und zu lernen?

Wir sind die ersten Lehrer unseres Kindes. Wir möchten, dass unser Kind

✓ lernt, Veränderungen und Herausforderungen zu begegnen,

✓ Fertigkeiten entwickelt,

✓ gerne lernt.

Wie können wir das erreichen, ohne zu loben und anzutreiben? Wir stellen die Ergebnisse nicht in den Vordergrund. Stattdessen sind wir daran interessiert, unserem Kind beizubringen, wie es am besten lernt.

Richtlinien, wie wir unser Kind zum Lernen ermutigen können

✓ *Wir schaffen Gelegenheiten für unser Kind, in einer sicheren Umgebung zu lernen.* Wir geben unserem Baby viel Platz zum Krabbeln und lassen es in Sicherheit seine Umgebung erforschen. Wir lassen unser Kleinkind kritzeln, malen und bauen. Wir geben dem Vorschulkind die Gelegenheit, mit anderen Kindern zu spielen.

✓ *Wir verfolgen die Interessen unseres Kindes.* Vielleicht liebt unser Kind Elefanten, dann finden wir Bücher über die Dickhäuter. Wir bitten unser Kind, uns Geschichten über Elefanten zu erzählen.

✓ *Wir achten auf Gelegenheiten zu lernen.* Im Park weisen wir das Kind auf Tiere und Pflanzen hin. Bei der Post erzählen wir dem Kind, was die Menschen dort machen.

✓ *Wir stellen offene Fragen.* Auf offene Fragen folgen keine »Ja/Nein« Antworten. Offene Fragen ermutigen unser Kind zu denken, zu erklären und zu erforschen:

- »Was glaubst du, wird das Eichhörnchen mit dieser Eichel tun?«
- »Wie hast du den Turm so hoch gebaut?«

✓ *Wir beachten und ermutigen.* »Du hast das ganz alleine gemacht? Du bist froh, dass du deine Bluse zuknöpfen kannst!«

✓ *Wir helfen unserem Kind, Fehler zu akzeptieren und aus ihnen zu lernen.* Fehler sind Teil des Lernprozesses. Wir ermutigen unser Kind, dranzubleiben: »Du hast den Ball fallen lassen. Das macht nichts. Wir versuchen es noch mal.«

✓ *Wir haben Spaß beim Lernen.* Wir machen ein Spiel aus dem Erlernen von Zahlen, dem Anziehen oder dem Treppensteigen.

✓ *Wir helfen unserem Kind, andere Gesichtspunkte zu sehen.* Manchmal ist es schwer, zu lernen und zu erforschen. Manchmal klappt es nicht. Es gibt fast immer einen Weg, etwas anders zu sehen:

- »Ich weiß, du hast Angst vor dem Donner. Wir schauen uns das Buch über Stürme an. Vielleicht finden wir dann heraus, weshalb Stürme so viel Lärm machen.«
- »Es ist schwer, so viele Spielsachen auf einmal aufzuräumen. Wir könnten zuerst die Lastwagen auf das Regal stellen.« Wenn das Kind damit fertig ist, schlagen wir den nächsten Schritt vor: »Keine Lastwagen mehr? Das ging aber schnell! Was könnten wir als nächstes aufheben?«

Wir wollen unsere Kinder zum Lernen ermutigen. Wir wollen sie nicht unter Druck setzen. Viele Eltern wollen, dass ihre Kinder die Besten sind. Sie wollen, dass sie vorbereitet sind, hohe Lernziele zu erreichen. Sie möchten, dass sie Musik vorspielen und Tänze aufführen. Sie möchten, dass sie im Sport mit anderen in Wettstreit treten. Möglicherweise treiben diese Eltern ihre Kinder zu sehr an.

Wenn Eltern das tun, meinen sie es gut. Aber Kinder zahlen einen Preis für diesen Druck. Sie beginnen sich vielleicht Sorgen darüber zu machen, wie gut sie ihre Aufgabe erfüllen werden. Vielleicht glauben sie, dass sie nicht »gut genug« sind. Vielleicht bekommen sie Kopf- und Bauchschmerzen oder geben vor, sie zu haben. Vielleicht kämpfen sie oder geben auf.

Wir ermutigen unser Kind, Freude am Lernen zu haben, indem wir

✓ dem Kind unter Einbeziehung seiner Fähigkeiten und Eigenschaften realistische Ziele setzen,

✓ die Bemühungen des Kindes wahrnehmen,

✓ die Verbesserungen des Kindes zu schätzen wissen und benennen.

(Tabelle 3 »Ermutigen Sie kleine Kinder«, zeigt uns Möglichkeiten, zu lernen zu ermutigen, statt anzutreiben.)

Für Babys und Kleinkinder ist Berührung wichtiger als alle Worte.

Wie zeigen wir unserem Kind unsere Liebe?

Kinder müssen wissen, dass sie geliebt werden. Dann glauben sie, dass sie liebenswert sind. Das wiederum baut ihr Selbstbewusstsein auf. Respekt und Ermutigung sind Möglichkeiten, unseren Kindern zu zeigen, dass wir sie lieben. Es folgen weitere Möglichkeiten, wie wir: »Ich liebe dich« sagen können:

✓ *Wir sagen es jeden Tag zu jedem Kind:*
»Guten Morgen, Natalie. Ich hab dich lieb.«

»Rate mal, wer dich so viel lieb hat, wie dieser Berg hoch ist? Rate mal, wer dich so lieb hat, so weit wie der Mond weg ist?«

»Lass uns mal die Namen von allen Leuten nennen, die dich lieb haben: Opa, Oma, Tante Nadia, Onkel Felix, Peter, …«

✓ *Wir zeigen Wertschätzung:*
»Gute Nacht, Hannah. Es war ein schöner Tag mit dir. Ich freue mich schon darauf, dich morgen früh wiederzusehen, wenn du aufwachst.«

»Michael, du bist so eine schmusige Schmusekatze! Es macht Spaß mit dir zu kuscheln!«

»Oh, du wirst immer größer! Es ist schön zu sehen, wie du wächst und gedeihst.«

✓ *Wir verbringen Zeit mit unserem Kind.*
Das bedeutet Zeit, in der wir alles andere zur Seite legen. Wir schalten das Fernsehgerät ab und legen unser Handy weg. Wir geben unserem Kind unsere volle Aufmerksamkeit. Vielleicht tun wir etwas zusammen, das uns beiden gefällt. Möglicherweise ist es schwer, in der stressigen Welt der Erwachsenen Zeit dafür zu finden. Es ist jedoch den Einsatz wert! Unser Kind wird dadurch erfahren: »Ich bin wichtig.« Unser Kind und wir werden uns freuen, zusammen zu sein.

✓ *Wir leiten mit Respekt zu richtigem Verhalten an.*
Man kann niemals zu viel über die Bedeutung von Respekt sagen! Wenn unser Kind Fehler macht oder Fehlverhalten zeigt, ist es wichtig, dass wir respektvoll bleiben. Was wir in einer solchen Situation sagen und tun, beeinflusst das Selbstbewusstsein des Kindes ebenfalls. Zu schreien oder uns über das Kind lustig zu machen, kann unsere Bemühungen, Liebe zu zeigen, leicht wieder zunichte machen.

✓ *Wir zeigen unsere Liebe durch Berührung.*
Für Babys und Kleinkinder ist Berührung wichtiger als Worte. Wenn wir mit einem Baby umgehen, läuft viel

über Körperkontakt. Wir baden es, ziehen es an, wechseln die Windeln und füttern es. Die Art, wie wir es halten und streicheln, kann unserem Baby ganz deutlich machen, dass es geliebt wird. Klein- und Vorschulkinder lehnen Umarmungen und Küsse oft ab. Trotzdem brauchen sie die liebevolle Berührung der Eltern. Jeden Tag bieten sich viele Gelegenheiten, sie zu geben. Wir helfen unseren Kindern sich anzuziehen. Wir bringen ihnen bei, sich zu waschen. Wir bringen sie abends zu Bett und decken sie zu. In all diesen Situationen sagen ihnen unsere zärtlichen und fürsorglichen Berührungen: »Ich liebe dich«.

Manchmal sagt unser Kind vielleicht: »Nein, ich will kein Küsschen.« Das ist in Ordnung. Wir respektieren die Gefühle unseres Kindes. Bei anderen Gelegenheiten möchte unser Kind auf unserem Schoß sitzen und einfach nur gehalten werden. Körperlich aktive Spiele – wie Fangen und Raufen – sind eine weitere Chance zu liebevoller Berührung. Kleine Kinder lieben es zu hüpfen, herumzurollen, sich fallen zu lassen und einander anzurempeln. Wir zeigen unsere Liebe sowohl durch Berührung im Spiel als auch durch Zärtlichkeit.

Ein Wort zu Vernachlässigung und Missbrauch

Die richtigen Worte und Berührungen zeigen unseren Kindern unsere Liebe. Wenn wir keine liebevollen Worte und Berührungen geben, fühlen sich unsere Kinder vernachlässigt. Sie können Liebe und Respekt von uns nicht lernen, wenn wir Liebe und Respekt nicht zeigen.

Die falschen Worte und Berührungen verletzen das Selbstbewusstsein. Wir vermitteln Kindern damit den Eindruck, dass wir glauben, dass sie schlecht sind. Diese Worte und Berührungen sagen den Kindern, dass wir die Macht haben, sie zu verletzen. Mit diesen Worten und Berührungen werden Kinder *missbraucht*.

Eltern wollen ihre Kinder nicht vernachlässigen oder missbrauchen. Aber alle Eltern fühlen sich manchmal überarbeitet, gestresst oder sind wütend.

Wenn wir wirklich wütend sind – was sollen wir tun?

- Wir entfernen uns von unserem Kind. Wir verlassen den Raum. Wir gehen spazieren. Wir rufen einen Freund an. Wenn wir unser Kind nicht alleine lassen können, rufen wir eine Freundin/einen Freund an und bitten sie/ihn um Hilfe.

- Wir suchen Hilfe für uns selbst. Wenn wir so wütend sind, dass wir Angst haben, unser Kind zu verletzen, wenden wir uns an Menschen, die uns helfen können.

- Die dem Jugendamt angeschlossenen Psychologischen Beratungsstellen sind in akuten Situationen notfalls sofort zu Gesprächsterminen bereit. Sie haben Schweigepflicht gegenüber dem Jugendamt. Das Erstgespräch ist kostenlos, ebenso eine sich möglicherweise anschließende längere Betreuung durch die Beratungsstelle.

- In Krisensituationen können wir die kostenfreie Nummer der Telefonseelsorge anrufen (evangelisch 08 00/1 11 01 11, katholisch 08 00/1 11 02 22) und uns rund um die Uhr Rat holen.

- Für langfristige Beratung und Betreuung können wir uns auch an kirchliche Organisationen (Caritas, Familienbildungsstätte, etc.) oder einen Arzt oder Therapeuten wenden.

Ermutigung und Kinderbetreuung

Unser Kind ist nicht immer bei uns. Wir wählen die Betreuung für unser Kind aus, die zu unserem Erziehungsstil passt. Wir möchten dabei sicher gehen, dass jeder, der sich um unser Kind kümmert, auch Liebe und Respekt zeigt.

Vorschläge für Kinderbetreuung und Freizeitaktivitäten

Es folgen einige Möglichkeiten für die Kinderbetreuung, über die es sich nachzudenken lohnt:

✓ Ein/e Freund/in oder ein/e Verwandte/r betreut das Kind.

✓ Wir finden jemanden, der das Kind in unserem Haus betreut.

✓ Wir finden eine Tagesmutter/einen Tagesvater für unser Kind.

✓ Wir bringen unser Kind in einer Kindertagesstätte oder in einem Kindergarten unter. Es gibt sowohl städtische und Gemeindekindergärten als auch Kindergärten von freien oder privaten Trägern – solche Träger sind Wohlfahrtsverbände, wie z.B. Caritasverband, Diakonisches Werk, Arbeiterwohlfahrt, Rotes Kreuz, Der Paritätische, Kirchen, Vereine, Stiftungen, Elterninitiativen oder Elternvereinigungen. Im Internet finden Sie unter dem Stichwort »Kindergärten« ganz verschiedene Begriffe: Pfarrkindergarten, Gemeindekindergarten, Waldorf-Kindergarten, Montessori-Kindergarten, Integrationskindergarten, Waldkindergarten, Kindertagesstätte, Kinderhaus, Gemeindezentrum usw. Hilfreiche Informationen über die verschiedenen Einrichtungen sind im Internet unter: www.familienhandbuch.de zu finden.

Es gibt Freizeitaktivitäten verschiedener Art, wie z.B. Babyschwimmen, Krabbelgruppen, PEKiP-Kurse, Spielgruppen, Kinderturnen, Mutter-und-Kind-Turnen, musikalische Früherziehung, Musik & Kunstkiste, Sportaktivitäten in Sportvereinen etc.

Nach welchen Kriterien entscheiden wir uns für eine bestimmte Kinderbetreuung?

Wenn wir uns für eine Form der Kinderbetreuung entscheiden, stellen wir folgende Fragen:

1. *Ist unser Kind in diesem Haus/Kindergarten sicher?*
   Innen: Wir achten auf Sicherheitsgitter/-türen, Kindersicherungen an den Steckdosen, verschlossene Schränke und altersgemäße Spielsachen.
   Außen: Wir achten auf umzäunte Höfe bzw. Gärten und einen Spielplatz, der altersgerecht ausgestattet ist.

2. *Können wir den Betreuer/innen vertrauen?* Der/die Betreuer/in, dem/der wir unser Kind überantworten, sollte Freude am Umgang mit Kindern haben. (Wir finden heraus, ob sie/er die notwendige Qualifikation als Tagesmutter/-vater bzw. Betreuer/in hat.)

3. *Gibt es interessante Spielsachen und Materialien?* Gibt es Aktivitäten, die den Kindern helfen, zu lernen miteinander umzugehen? Wirken die Kinder glücklich und werden sie einbezogen? Fernsehen sollte nur selten auf dem Programm stehen.

4. *Haben wir die gleiche Einstellung zu Disziplin, täglicher Routine und hinsichtlich wichtiger Werte?* Bevor wir uns entscheiden, besuchen wir die Tagesmutter/den Tagesvater zu Hause bzw. den Kindergarten mindestens einmal – wenn möglich öfters. Wir sprechen auch mit anderen Eltern. Wir lernen die Erzieher/innen und Betreuer/innen kennen. Wir legen Wert darauf, dass Erzieher/innen und Betreuer/innen einen liebevoll-konsequenten Erziehungssstil haben. Sie ermutigen die Kinder zum Lernen, ohne sie anzutreiben.

5. *Wie viel Zugang haben die Eltern zu der Einrichtung?* Wenn unser Kind einen Kindergarten/eine/n Tagesmutter/-vater besucht, sollte es für uns möglich sein, jederzeit zu kommen – ohne Anmeldung.

6. *Welche Erwartungen werden an einen staatlich anerkannten Kindergarten gestellt?*
Staatliche Anerkennung hilft uns zu wissen, dass unser Kind sicher ist. Es garantiert allerdings nicht gleichzeitig ein gutes Erziehungskonzept. Wir müssen dieses Urteil selbst fällen. Wir behalten unsere Ziele im Auge und vertrauen unserem Instinkt.

7. *Wie viele Kinder werden von einem Erwachsenen betreut?*
Die Forschung hat gezeigt, dass kleinere Gruppen und weniger Kinder pro Betreuer besser sind für die Kinder. Im allgemeinen können wir von zwei pädagogischen Kräften (Erzieher/in und Kinderpfleger/in) pro Kindergruppe ausgehen – bei einem Betreuungsschlüssel von 2:10 (U 3) und von 2:25 (3-6 Jährige).

Bevor unser Kleinkind oder Vorschulkind in den Kindergarten kommt, sprechen wir gemeinsam darüber. Wir achten auf die Gefühle unseres Kindes. Wir beantworten Fragen. Wir erklären dem Kind, dass es dort sicher sein wird. Wir besuchen den Kindergarten mit dem Kind, damit es die Erzieher/innen bzw. Betreuer/innen und die anderen Kinder kennen lernen kann. Wir tun all dies, bevor wir uns für eine bestimmte Einrichtung entscheiden.

Wir haben den Mut, nicht perfekt zu sein

Wenn wir über all das nachdenken, fragen wir uns vielleicht: »Wie kann ich das alles schaffen? Was passiert, wenn ich einen Fehler mache?«

Es hilft uns vielleicht, wenn wir uns daran erinnern, dass wir nicht immer Respekt und Ermutigung zeigen können. Niemand kann das! Wie alle Eltern werden auch wir Fehler machen bei der Erziehung unserer Kinder. Aber wir denken immer wieder an Respekt. Es hilft auch, uns daran zu erinnern, dass wir unser Kind soviel wie möglich ermutigen wollen.

Es ist außerdem äußerst wichtig, uns selbst zu ermutigen. (Es ist entscheidend, das zu tun!) Wir erkennen, was wir gut machen. Wir konzentrieren uns auf das, was uns hilft, uns gut zu fühlen.

Zu Anfang des 3. Kapitels haben wir über das Wort *Mut* gesprochen.

Rudolf Dreikurs hat den Ausdruck vom *Mut, nicht perfekt zu sein*, geprägt. Mit dem Mut, nicht perfekt zu sein,

✓ akzeptieren wir uns so, wie wir sind,

✓ sehen wir Fehler als Teil des Lernprozesses,

✓ freuen wir uns über uns selbst, unser Kind und andere Menschen. Das führt zu einem viel besseren Lebensgefühl, als Fehler zu finden,

✓ machen wir kleine Veränderungen – und versuchen nicht, ein ganz neues Selbst zu erschaffen,

✓ lernen wir, unsere eigenen Stärken und Qualitäten kennen,

✓ schätzen wir uns selbst,

✓ sehen wir unser Elternsein und Kindererziehung als eine Herausforderung, der wir begegnen – nicht als ein Problem, das es zu bewältigen gilt.

Mit einem starken Selbstbewusstsein helfen wir auch unserem Kind, Selbstbewusstsein zu entwickeln. Mit dem Mut, die Herausforderungen des Lebens anzunehmen, helfen wir auch unserem Kind, Mut zu entwickeln.

STEP ERMUTIGUNG

Alle Menschen – Eltern und Kinder – haben ihre Stärken. Manchmal ist es schwer, die Stärken eines kleinen Kindes zu erkennen. Vielleicht spielt Ihr Kind gut mit anderen, ist freundlich oder hat ein nettes Lächeln. Stellen Sie sich diese Stärken als »Samen« vor. Samen brauchen Wasser und Sonnenlicht zum gedeihen. Stellen Sie sich Ermutigung als Wasser und Sonnenlicht vor.

Finden Sie in der kommenden Woche einen »Samen« der Stärke bei Ihrem Kind. Benutzen Sie Ermutigung, um den Samen so oft wie möglich zu »gießen«.

AUFGABE DER WOCHE

Finden Sie Möglichkeiten, Ihr Kind zu ermutigen. Finden Sie so viele wie möglich.

Jedes Mal überlegen Sie sich,
- ✓ was passiert ist,
- ✓ wie Sie Ihr Kind ermutigt haben,
- ✓ wie Ihr Kind reagiert hat.

Ermutigen Sie auch sich selbst:
- ✓ Konzentrieren Sie sich auf Ihre eigenen Stärken, Bemühungen und Verbesserungen.
- ✓ Führen Sie positive Selbstgespräche.

NUR FÜR SIE

IHRE BEZIEHUNGEN MIT ERWACHSENEN

Wenn Sie Ihr Kind ermutigen, verlieren Sie Ihre engen Erwachsenenbeziehungen nicht aus den Augen. Finden Sie Zeit, um mit Ehemann/Ehefrau/Partner, Eltern, Freunden, Schwester oder Bruder zusammen zu sein.

Vielleicht möchten Sie eine der folgenden Ideen umsetzen:

✓ unter vier Augen miteinander sprechen,

✓ spazieren gehen,

✓ Rad fahren oder zusammen Sport treiben (aber planen Sie Zeit zum Sprechen mit ein),

✓ ein Picknick machen,

✓ zusammen zu Mittag oder zu Abend essen,

✓ zusammen Kaffee trinken gehen,

✓ ein Wochenende wegfahren.

Während dieser Zeit, die Sie miteinander verbringen, denken Sie nicht an die Kinder. Stattdessen konzentrieren Sie sich auf Ihre Beziehung. Hören Sie einander zu. Teilen Sie einander Ihre Gefühle mit. Ermutigen Sie einander. Haben Sie Spaß miteinander.

Was können Sie am kommenden Wochenende tun, bei dem Sie Spaß mit einem anderen Erwachsenen haben?

Zusammenfassung

1. Respekt und Ermutigung helfen Kindern, Selbst-bewusstsein zu entwickeln.

2. Sie ermutigen Ihr Kind, indem Sie:

- Ihr Kind lieben und akzeptieren,
- an Ihr Kind glauben,
- seine Bemühungen und Verbesserungen bemerken,
- Ihr Kind wertschätzen.

3. Ermutigung ist ein Geschenk. Jeder »verdient« sie. Sie kann für Bemühungen gegeben werden, wenn etwas nicht so gut läuft für Ihr Kind, aber auch einfach nur dafür, dass es Ihr Kind gibt, so wie es ist.

4. Bringen Sie Ihrem Kind bei, wie es am besten lernt. Bringen Sie ihm nicht bei, dass es perfekt zu sein hat.

5. Treiben Sie Ihr Kind nicht an. Ermutigen Sie es, indem Sie realistische Ziele setzen, seine Bemühungen akzep-tieren und seine Verbesserungen schätzen.

6. Zeigen Sie Ihrem Kind Ihre Liebe:

Sagen Sie: »Ich liebe dich« oder: »Ich hab' dich lieb«.

- Zeigen Sie Ihre Wertschätzung.
- Verbringen Sie Zeit mit Ihrem Kind.
- Leiten Sie Ihr Kind mit Respekt zum richtigen Ver-halten an.
- Zeigen Sie Liebe durch Berührung.

7. Vergewissern Sie sich, dass jeder, der Ihr Kind betreut, Liebe und Respekt zeigen wird.

8. Ermutigen Sie sich selbst und haben Sie den Mut, nicht perfekt zu sein.

Tabelle 3

Ermutigen Sie kleine Kinder

Ermutigen Sie kleine Kinder, treiben Sie sie nicht an.

Alter	Was Sie tun können	Was Sie nicht tun sollten
Babys	Erlauben Sie dem Baby, seine Umgebung in seinem eigenen Tempo zu erforschen.	Überstimulieren. Das Baby zwingen, in der Nähe von Tieren zu sein, wenn es Angst hat.
	Geben Sie dem Baby Spielsachen, die seinem Alter entsprechen.	Spielsachen geben, die zu hart oder gefährlich sind (z.B. so klein, dass das Baby sie verschlucken könnte, mit scharfen Kanten etc).
	Erlauben Sie dem Baby, sich in seinem eigenen Tempo zu entwickeln.	Das Baby dazu bringen zu sitzen, zu krabbeln oder zu laufen, bevor es physisch dazu in der Lage ist.
	Helfen Sie dem Baby, die Brust oder die Flasche aufzugeben, wenn es Interesse an einer Tasse/einem Becher zeigt.	Das Baby zwingen, Brust oder Flasche aufzugeben, bevor es soweit ist.

Alter	Was Sie tun können	Was Sie nicht tun sollten
Kleinkinder	Helfen Sie dem Kleinkind, mit der Sauberkeitserziehung dann zu beginnen, wenn es interessiert und physisch dazu in der Lage ist.	Das Kleinkind zwingen, das Töpfchen zu benutzen, oder mit dem Sauberkeitstraining zu beginnen, wenn es noch nicht interessiert und physisch nicht dazu in der Lage ist.
	Helfen Sie dem Kleinkind, den Schnuller oder das Tuch/die Trösterdecke aufzugeben, wenn es daran interessiert und in der Lage dazu ist.	Schnuller oder Tuch/Trösterdecke wegnehmen, wenn das Kleinkind sie noch braucht.
	Leiten Sie das Kleinkind dazu an, sich seinem Alter gemäß zu verhalten (z.B. zu lernen, mit Messer und Gabel zu essen).	Vom Kleinkind verlangen, sich reifer zu verhalten, als es in diesem Alter möglich ist.
Vorschulkinder	Ermutigen Sie Ihr Kind, altersgemäße Fertigkeiten zu erwerben. Ermöglichen Sie kreatives Spiel.	Fertigkeiten und Ideen vermitteln, die nicht dem Alter des Kindes entsprechen. Strenge »Regeln« für das Spiel aufstellen (z.B. zu erwarten, dass das Kind nichts schmutzig macht, wenn es mit Fingerfarben malt).
	Ermutigen Sie das Kind, neue Dinge auszuprobieren. Betonen Sie, dass es normal ist, Fehler zu machen.	Perfektion erwarten oder dass etwas unbedingt »richtig« gemacht wird.

4
Wir hören zu und sprechen mit kleinen Kindern

In diesem Kapitel werden Sie Folgendes lernen:

☞ Es ist wichtig, zuzuhören und respektvoll mit Ihrem Kind zu sprechen.

☞ Beim Zuhören darauf zu achten, wie Ihr Kind sich fühlt, ist eine Fertigkeit, die Sie lernen können.

☞ Es ist möglich, Ihrem Kind durch Ihr Beispiel beizubringen, dass es in Ordnung ist, Gefühle zu zeigen.

☞ Es ist möglich, über Probleme zu sprechen, ohne Vorwürfe zu machen.

Wir wollen unseren Kindern Respekt entgegenbringen. *Respektvolle Kommunikation* ist der Schlüssel zu den meisten Beziehungen. Wir überlegen uns, was das in einer Freundschaft bedeutet.

BEISPIEL
Herr V. und sein Freund Norbert W. schauen zusammen fern. Norbert W. verschüttet Limonade auf dem Teppichboden. Es ist ihm peinlich. Er sagt:« Oh, mein Gott! Guck mal, was ich angestellt hab! Der Boden sieht schlimm aus!« Herr V. holt einen Putzlappen und wischt die Limonade weg. Er sagt: »Das macht nichts, Norbert. Der Boden hat schon Schlimmeres gesehen!«

Wenn unsere Freunde Probleme haben oder Fehler machen, denken wir an ihre Gefühle. Wir tun dies, weil wir unsere Freunde respektieren und sie wertschätzen. Unsere Kinder ebenso zu behandeln, wird uns helfen, eine engere Beziehung aufzubauen.

Wenn wir aufgewühlt sind, sprechen wir mit einem Freund darüber. Wir finden es gut, wenn unser Freund uns zuhört. Wir möchten, dass unser Freund uns versteht und akzeptiert, was wir fühlen. Unser Kind möchte das auch von uns.

Mit uns zu sprechen, ist eine Möglichkeit für Kinder zu kommunizieren. Aber kleine Kinder haben noch keinen großen Wortschatz. Wir achten darauf, was der Gesichtsausdruck und die Körperhaltung unseres Kindes uns mitteilen. Wir achten auch auf unsere eigene Körpersprache. Unsere Handlungen zeigen unsere Gefühle. Sie zeigen, ob wir unser Kind verstehen und respektieren.

Wie können wir gute Zuhörer sein?

Kommunikation besteht aus zwei wichtigen Teilen: zuhören und sprechen. Wir können es unserem Kind leichter machen, mit uns zu sprechen. Wie können wir das erreichen? Indem wir zeigen, dass das Kind uns so viel bedeutet, dass wir aufmerksam zuhören und respektvoll mit ihm sprechen.

Behandeln Sie Ihr Kind so, wie Sie Ihre/n beste/n Freund/in behandeln.

Stellen Sie sich vor, Sie würden mit Ihren Freunden so sprechen,
wie Sie manchmal mit Ihren Kindern reden.

Eltern müssen viel zuhören. Wenn wir gut zuhören, wird sich unser Kind verstanden fühlen. Wir helfen unserem Kind, zu lernen, mit Gefühlen und Problemen umzugehen. Wir zeigen unserem Kind auch, was es heißt, ein guter Zuhörer zu sein.

Zuhören beginnt dann, wenn wir auf das erste Weinen unseres Kindes reagieren. Das Weinen eines Babys kann alles Mögliche bedeuten: Hunger, Müdigkeit, Schmerz, Langeweile oder Angst. Wir müssen auch mit unseren Augen »hören« – weil Babys früh damit beginnen, Körpersprache zu benutzen. Mit seinem Lächeln sagt unser Baby möglicherweise: »Ich bin glücklich.« Wenn es sich abwendet, bedeutet das vielleicht: »Ich bin wütend!«

Wenn Babys heranwachsen, lernen sie, welche Laute und Bewegungen ihnen die Aufmerksamkeit ihrer Eltern einbringt. Ein Kleinkind versteht es, einen Erwachsenen in die Küche zu ziehen und auf sein Lieblingsessen zu deuten. Nach ihrem ersten Lebensjahr beginnen die meisten Kinder damit, Worte zu benutzen. Später werden die Worte zu ganzen Sätzen zusammengestellt.

Unser Zuhören ist aus vielen Gründen wichtig für unsere kleinen Kinder. Das meiste ist einfach zu verstehen: »Ich möchte einen Apfel.« Unsere Reaktionen sind ebenso klar: »Ja, kannst du gerne haben« oder: »Wir haben leider nur Birnen« Diese Art von Zuhören ist leicht.

Manchmal ist es möglicherweise nicht so klar, was die Kinder uns zu verstehen geben wollen. Vielleicht haben sie Gefühle, die sie nicht auszudrücken vermögen.

BEISPIEL
Während des Frühstücks war der zweijährige Ali glücklich und zufrieden. Plötzlich runzelt er die Stirn und brüllt. Herr O., sein Vater, fragt ihn: »Bist du fertig mit dem Essen?« Er brüllt: »Nein« und beginnt zu weinen. Herr O. kann sehen, dass er unglücklich ist, er weiß jedoch nicht warum. Herr O. fragt Ali: »Oh, was ist los?« Ali zieht an seinem Ohr und weint: »Ohr! Böse!« Herr O. erwidert: »Dein Ohr tut weh?« Ali hält seine Ohren zu und weint: »Ohr weh!« Herr O. nimmt Ali auf den Arm und sagt:

»Komm, wir holen das Thermometer. Wenn das Ohr weh tut, dann müssen wir es wieder heil machen.«

Die Art, wie wir zuhören und über Gefühle sprechen, kann unserem Kind zeigen, wie es mit Respekt kommunizieren kann. Es ist wichtig, die Gefühle unseres Kindes wahrzunehmen, zu verstehen und zu akzeptieren. Mit der Zeit wird unser Kind dann langsam beginnen, auch die Gefühle anderer Menschen zu verstehen.

Die Art, wie Sie zuhören und über Gefühle sprechen, bringt Ihrem Kind bei, was Respekt bedeutet.

Wir achten auf Gefühle

Beim Zuhören auf Gefühle zu achten – sie zu »hören« – ist eine besondere Fertigkeit, die *aktiv zuhören* heißt.

Durch aktives Zuhören zeigen wir, dass wir die Gefühle unseres Kindes wahrnehmen und respektieren. Es ist eine Möglichkeit, unserem Kind zu sagen, dass wir die Bedeutung hinter seinen Worten und seiner Körpersprache verstehen. Aktiv zuhören zeigt, dass wir verstehen wollen.

Wie wir aktiv zuhören

1. *Zuhören.* Wir zeigen durch unsere Körpersprache, dass wir zuhören. Wir hören auf mit dem, was wir gerade tun. Wir schauen unser Kind an. Wir sitzen oder knien neben unserem Kind, damit wir uns mit ihm auf gleicher Höhe befinden. Vielleicht müssen wir unser Kind auch hochheben, damit wir einander auf Augenhöhe begegnen.

2. *Gefühle hören.* Wir hören die Worte unseres Kindes. Wir fragen uns: »Was fühlt unser Kind?« Wir denken an ein Wort, das das Gefühl beschreibt.

3. *Sagen, was wir gehört haben.* Wir stellen uns vor, wir seien eine Art Spiegel, der die Gefühle unseres Kindes widerspiegelt. Wir reflektieren auch das, von dem wir glauben, dass es die Ursache für die Gefühle darstellt.

Wenn wir anfangen zu lernen, Gefühle widerzuspiegeln, benutzen wir die Worte: »du fühlst dich/du bist« und »weil«: in fragendem Ton:

✓ »Du bist aufgeregt, weil Miriam zum Abendessen kommt?«

✓ »Du bist müde, weil du so lange gearbeitet hast?«

Nach einiger Zeit empfinden wir aktiv zuhören als natürlicher. Dann können wir unsere eigenen Worte benutzen:

✓ »Es tut dir Leid, dass Micha verletzt wurde?«

✓ »Du spielst gerne mit Kira, nicht wahr?«

BEISPIEL
Nach einem Morgen mit viel Spaß im Park beginnt die dreijährige Lisa zu jammern. Sie weigert sich weiterzugehen und sagt: »Ich will nicht nach Hause gehen!« Frau L. hört aktiv zu: »Du bist enttäuscht, dass unsere schöne Zeit im Park vorüber ist? Du hast so viel Spaß gehabt.«

Was können wir tun, wenn wir uns über die Gefühle unseres Kindes nicht im Klaren sind? Es ist in Ordnung zu raten. Aufpassen: keine Unterstellungen!

BEISPIEL
Robin kommt vom Kindergarten nach Hause. Er ist grantig. Er sagt: »Der Kindergarten ist doof!« Frau G. antwortet: »Mir scheint, du hast dich heute im Kindergarten über etwas geärgert.« Robin entgegnet: »Tanja (die Erzieherin) mag mich nicht.« Dann beginnt er seiner Mutter zu erzählen, was sich ereignet hat.

Was wäre gewesen, wenn Frau G. gesagt hätte: »Das sollst du nicht sagen! Der Kindergarten ist nicht doof!« Robin könnte dann glauben, dass etwas mit seinen Gefühlen nicht stimmt. Dann fühlt er sich möglicherweise zu unsicher, um seiner Mutter zu berichten, was passiert ist.

Kinder müssen viele Worte für Gefühle kennen. Dann können sie darüber sprechen, wie sie sich fühlen.

Wir helfen unserem Kind, die richtigen Worte zu finden

Kinder müssen viele Worte für Gefühle kennen. Dann können sie darüber sprechen, wie sie sich fühlen. Indem wir aktiv zuhören, bringen wir unseren Kindern bei, ihre Gefühle zu benennen.

Folgende fünf Worte für Gefühle benutzen Eltern zu häufig: gut, schlecht, glücklich, traurig und sauer. Mit diesen Worten drücken wir nicht immer alles verständlich aus.

Wir betrachten uns folgende Wortliste und suchen so viele andere Worte wie möglich, die ebenfalls Gefühle ausdrücken.

Worte, mit denen wir »angenehme« Gefühle ausdrücken

geschätzt	aufgeregt	geliebt
besser	froh	gemocht
heiter, freundlich	gut	fröhlich
wohl	großartig	erfreut
entzückt	glücklich	stolz
erleichtert	gespannt	wunderbar

Worte, die »unangenehme« Gefühle ausdrücken

wütend, sauer	verängstigt	allein gelassen
verärgert	schuldig	traurig
verwirrt	verletzt	erschreckt,
enttäuscht	irritiert	erschrocken

Wann sollen wir aktiv zuhören?

Aktiv zuhören ist möglicherweise für beide neu, für uns und für unser Kind. Es folgen einige Hinweise, die uns helfen können:

✓ *Wir achten auf starke Gefühle.* Manchmal benutzt unser Kind Worte oder Handlungen, die übertrieben sind. Vielleicht benutzt unser Kind auch eine bestimmte Körpersprache – weinen, schlagen, sich versteifen, lachen, umarmen. Oder unser Kind benutzt vielleicht übertriebene Worte – »Ich hasse dich!« »Ich gehe fort!« »Du bist die beste Mama der Welt!« Wenn wir diese starken Gefühle wahrnehmen, – »sehen« oder »hören« – ist es wichtig, aktiv zuzuhören. »Du bist fürchterlich sauer.« »Du bist richtig aufgeregt. Ist es weil Vicky bald kommt?« Das hilft unserem Kind, seine Gefühle zu verstehen. Es hilft unserem Kind zu begreifen, dass Gefühle in Ordnung sind.

✓ *Wir achten auf versteckte Gefühle.* Manchmal wissen wir, dass die Gefühle unseres Kindes unter der Oberfläche liegen. Auch dann ist es hilfreich, aktiv zuzuhören.

BEISPIEL
Nadine ist vier Jahre alt und schaut eine Stunde fern. Danach geht sie von Zimmer zu Zimmer und tut nichts. Dann möchte sie wieder fernsehen. Frau M., ihre Mutter, sagt: »Mir scheint, du langweilst dich. Lass uns überlegen, was du machen könntest.«

Das hilft Nadine, ihre eigenen Gefühle zu erkennen. Möglicherweise fällt es ihr dann leichter, selbst auf andere Ideen zu kommen.

Aktiv zuhören hilft Ihrem Kind zu erkennen, dass es in Ordnung ist, Gefühle zu zeigen.

✓ Aktiv zuhören hilft, wenn wir »Nein« sagen müssen. Manchmal müssen wir »Nein« zu unserem Kind sagen. Wenn wir das tun, wird unser Kind vielleicht weinen oder schreien. Wir hören auch in dieser Situation aktiv zu. Unser Kind wird dann wissen, dass wir seine Gefühle gehört haben:

✓ »Ich sehe, dass du wütend bist, weil ich gesagt habe, dass der Fernseher jetzt aus bleibt.«

✓ »Ich verstehe, du bist schrecklich wütend/außer dir vor Wut, dennoch ist die Antwort ›Nein‹. Ich gehe jetzt die Wäsche waschen.«

✓ »Ich höre, dass du sehr sauer/wütend auf mich bist. Das ist in Ordnung – du kannst sagen: ›Ich bin sehr wütend auf dich, Mami.‹ Aber ich antworte nur, wenn du mit mir sprichst, ohne zu schimpfen.«

Danach ignorieren wir jede weitere Beschimpfung. Wenn das nur schwer auszuhalten ist, verlassen wir für kurze Zeit das Zimmer. Vorher können wir sagen: »Ich sehe, du brauchst jetzt Zeit, dich zu beruhigen.«

✓ *Aktiv zuhören ist nicht immer notwendig.* Oft sind die Aussagen von Kindern klar und deutlich. Möglicherweise sagt das Kind: »Ich möchte ein Glas Milch.« Diese Worte beinhalten keine versteckte Bedeutung.

✓ *Manchmal können wir nicht zuhören.* Kleine Kinder denken, sie sind das Zentrum der Welt. Das ist natürlich. Vielleicht möchten sie, dass wir die ganze Zeit zuhören. Das ist weder möglich noch wünschenswert! Wenn wir keine Zeit haben zuzuhören, sagen wir es. Wir sagen dem Kind, dass wir später miteinander sprechen können: »Ich sehe, dass du aufgeregt bist und mir alles über den Zoo erzählen willst. Aber ich muss zuerst die Waschmaschine anstellen, weil ich nachher meine Bluse brauche. Kannst du mir mehr über den Zoo erzählen, wenn ich damit fertig bin?«

Wie drücken wir uns so aus, dass unser Kind zuhört?

Wir haben gesehen, wie zuhören und sprechen zusammengehören: Beim Zuhören achten wir auf Gefühle. Dann sagen wir, was wir hören. Wir hören jedoch nicht nur aktiv zu, sondern wir müssen auch über unsere eigenen Gefühle sprechen. Im Folgenden schauen wir uns an, wie wir mit unserem Kind über unsere Gefühle sprechen.

Wir sprechen respektvoll und ermutigend

Wenn wir ein Problem mit unserem Kind haben, müssen wir darüber sprechen. Wenn wir das tun, teilen wir unsere Gefühle respektvoll mit – ohne dabei zu urteilen.

> BEISPIEL
> Emil und Sophia sind beide vier Jahre alt. Ihre Väter, Herr D. und Herr L., bringen Vorhangstangen an. Sophia und Emil rennen in der Wohnung herum. Sie werden immer lauter. Als Nächstes wollen sie etwas zu essen. Dann wollen sie ihre Schnürsenkel zugebunden bekommen. Dann möchten sie Hilfe bei der Suche nach einem verlorenen Spielzeug.
> Herr D., Emils Vater, sagt: »Hör auf, so eine Nervensäge zu sein, Emil. Wie soll ich das hier jemals zu Ende bringen?« Herr L., Sophias Vater, sagt zu seiner Tochter: »Wenn ihr so einen Krach macht, dauert es länger, bis wir mit unserer Arbeit fertig sind. Sobald wir die Stange angebracht haben, können wir etwas zusammen machen.«

Herr D. hat es seinem Sohn heimgezahlt. Es ist verständlich weshalb – es kann schwer sein, zu arbeiten, wenn die Kinder so viel Lärm machen und im Weg stehen. Aber als »Nervensäge« bezeichnet zu werden, ist *entmutigend* für Emil.

Sophias Vater, Herr L., ist *ermutigend*. Er reagiert auf ihre Bedürfnisse, setzt aber auch Grenzen. Er zeigt ihr, dass er jetzt arbeiten muss. Er lässt Sophia wissen, dass er mit ihrer Kooperation rechnet.

Wird Sophia sich dafür entscheiden zu kooperieren? Wenn sie das tut, könnte Herr L. später zu ihr sagen: »Es hat mir geholfen, dass du still gespielt hast, so dass ich meine Arbeit fertig machen konnte.« Wenn sie das nicht tut, kann er respektvolle Worte benutzen, um sie wissen zu lassen, dass ihr Verhalten nicht angemessen ist.

Welche respektvollen Worte könnte er benutzen? Eine Möglichkeit, über Probleme zu sprechen, ist eine »Ich-Aussage«.

Wir benutzen »Ich-Aussagen«

Wenn wir mit Kindern sprechen, können wir »Du-« oder »Ich-Aussagen« benutzen.

Mit »Du-Aussagen« setzen wir herab, beschuldigen oder nörgeln. Oft benutzen wir dabei das Wort du: »Das solltest du besser wissen.«

Kinder, die zu viele »Du-Aussagen« hören, fangen möglicherweise an, sich wertlos zu fühlen. Sie wehren sich oder hören auf, zuzuhören. »Du-Aussagen« sind entmutigend. Sie vermindern das Selbstbewusstsein. Außerdem bringen sie Kindern nicht bei, zu kooperieren.

Mit einer »Ich-Aussage« zeigen wir Respekt. Die »Ich-Aussage« ist eine bessere Art, über ein Problem zu sprechen. Durch eine »Ich-Aussage« teilen wir unserem Kind mit, wie wir – die Eltern – uns fühlen, wenn das Kind unsere Rechte missachtet. Statt dem Kind Vorwürfe zu machen, konzentrieren wir uns auf uns selbst. Mit »Ich-Aussagen« plakatieren oder beschuldigen wir nicht. Wenn wir eine »Ich-Aussage« benutzen, sagen wir einfach, wie wir uns fühlen.

»Ich-Aussagen« bestehen aus drei Teilen

Wenn wir eine »Ich-Aussage« benutzen, beachten wir drei Aspekte:

1. Wir beschreiben, was *passiert.*
2. Wir sagen, wie wir uns *fühlen.*
3. Wir *erklären,* weshalb wir uns so fühlen.

Zum Beispiel:

✓ »Wenn ich sehe, dass du deinen Bruder schlägst, bin ich besorgt, weil er verletzt werden könnte.«

In dieser Aussage werden folgende Worte benutzt:

1. **Wenn** »Wenn ich sehe, dass du deinen Bruder schlägst,
2. **bin ich** besorgt,
3. **weil** weil er verletzt werden könnte.«

✓ »Wenn Spielsachen auf dem Boden liegen bleiben, bin ich verärgert, weil ich erst aufräumen muss, bevor ich saugen kann.«

✓ »Wenn ich dich schluchzen höre, bin ich verunsichert, weil ich nicht verstehe, was du mir sagen möchtest.«

Mit einer »Ich-Aussage« zeigen wir Respekt für uns selbst. Sie erlaubt uns, ehrlich zu sein bezüglich unserer Gefühle und dem, was wir wollen. Mit »Ich-Aussagen« zeigen wir Respekt für unser Kind. Wir zeigen, dass wir Kooperation erwarten.

Wir benutzen »Ich-Aussagen«, wenn wir mit einem älteren Kleinkind oder einem Vorschulkind sprechen. Mit einem jüngeren Kind sprechen wir auf einfachere Weise:

✓ »Ich mag es nicht, wenn du mich an der Nase ziehst. Es tut weh.«

✓ »Ich bekomme Kopfschmerzen, wenn es so laut ist.«

Wir erinnern uns:

Mit »Ich-Aussagen«

✓ konzentrieren wir uns auf uns selbst, nicht auf unser Kind,

✓ beschuldigen wir niemanden.

Schauen wir uns weitere Beispiele mit »Ich-Aussagen« an.

> BEISPIEL
> Die zweijährige Katharina läuft auf die Straße. Frau K., Katharinas Mutter, läuft hinter ihr her und trägt sie zurück auf den Gehsteig. Sie sagt zu Katharina: »Es macht mir Angst, wenn du auf die Straße läufst. Ein Auto könnte kommen und dich verletzen. Bitte bleib bei mir.«

Katharina ist zu jung, um wirklich zu verstehen, wie ihre Mutter sich fühlt. Aber sie kann das Gefühl in der Tonlage der Mutter spüren.

> BEISPIEL
> Stefan und Noah sind beide vier. Stefan lässt Noah nicht mit seinen Spielsachen spielen. Stefans Mutter, Frau P., sagt: »Stefan, wenn du Noah nicht mit deinen Spielsachen spielen lässt, wird es Streit geben. Das finde ich schade. Ich sehe, dass Noah traurig ist, weil du nicht mit ihm teilen willst.«

Die »Ich-Aussage« von Frau P. wird das Problem vielleicht nicht lösen. Aber Stefan erfährt, welche Wirkung sein Verhalten auf zwei Menschen hat. Das kann ihm helfen, sich darauf zu konzentrieren, das Problem zu lösen.

**Mit »Ich-Aussagen« plakatieren und
beschuldigen Sie nicht.
Sie geben einfach Ihren Gefühlen Ausdruck.**

Wir vermeiden wütende »Ich-Aussagen«

Es ist wichtig, Gefühle der Wut aus den »Ich-Aussagen« herauszuhalten. Es ist schwer für Kinder, sich nicht beschuldigt zu fühlen, wenn wir unserer Wut in einer »Ich-Aussage« Ausdruck verleihen.

Oft ist Wut nur ein Teil des Gefühls. Zum Beispiel fühlen wir uns vielleicht zu Anfang nur enttäuscht. Aber wir sagen nichts. Stattdessen konzentrieren wir uns darauf, wie enttäuscht wir uns fühlen. Langsam beginnen wir, wütend zu werden. Gleichgültig was wir sagen, unsere Wut wird zu erkennen sein.

Wie können wir wütende »Ich-Aussagen« vermeiden? Indem wir den *Gefühlen* Ausdruck verleihen, die mit der Wut verbunden sind.

> BEISPIEL
> Frau Z. ist mit ihrer dreijährigen Tochter Melanie beim Einkaufen. Melanie läuft weg. Frau Z. ist besorgt, dass ihr etwas zugestoßen ist. Als Frau Z. ihr Kind endlich gefunden hat, ist sie sehr wütend. Sie erkennt, dass hinter ihrer Wut Angst steckt. Sie entschließt sich, ihrer Wut nicht freien Lauf zu lassen. Stattdessen zeigt sie Melanie, dass sie Angst um sie hatte. Während sie Melanie umarmt, sagt sie: »Gott sei Dank, dass du wieder da bist! Ich hatte schreckliche Angst, dass dir etwas passiert ist! Bitte bleib jetzt nah bei Mami!«

Können wir davon ausgehen, dass Melanie ihre Lektion in puncto Sicherheit gelernt hat? Nein. Richtlinien hinsichtlich Sicherheit müssen Kindern über viele Jahre hinweg immer wieder erklärt werden. Wir erinnern uns daran, dass kleine Kinder nicht notwendigerweise das Problem aus unserer Sicht verstehen. Dennoch helfen »Ich-Aussagen« unserem Kind, sich respektiert zu fühlen. Sie zeigen, dass wir unser Kind genug schätzen, um mit dem Problem umzugehen ohne zu schreien, zu beschuldigen oder zu drohen.

Respektvolle Kommunikation braucht Zeit.

Wir machen auch freundliche, positive »Ich-Aussagen«

Kinder hören gerne positive »Ich-Aussagen«. Sie sind eine wundervolle Möglichkeit zu ermutigen:

✓ »Es ist wirklich toll, heute nach Hause zu kommen und von so einem freundlichen Lächeln begrüßt zu werden.«

✓ »Ich habe gesehen, dass Anita deine Puppe halten durfte. Es ist schön zu sehen, dass du lernst zu teilen.«

✓ »Ich freue mich, wenn du deinen verschütteten Saft aufwischst. Es zeigt, dass du es alleine kannst.«

Wir haben realistische Erwartungen

Aktives Zuhören und »Ich-Aussagen« helfen uns, mit unserem Kind zu kommunizieren.

Sie helfen uns zu leiten und zu führen – nicht zu kontrollieren. Selbst wenn Kinder sich respektiert fühlen, stellen sie ihr störendes Verhalten möglicherweise nicht ein. Wir geben nicht auf! Unser Kind lernt zu kommunizieren. Das braucht Zeit.

Wann beginnen wir mit aktiv zuhören und »Ich-Aussagen«?

Wir können schon bei Babys mit aktivem Zuhören und »Ich-Aussagen« beginnen. Sehr kleine Kinder werden die Bedeutung unserer Worte nicht verstehen. Aber sie werden die Freundlichkeit und den Respekt in unserer Stimme und auf unserem Gesicht nicht übersehen bzw. überhören:

119

✓ »Ich sehe, dir gefällt dein Bad.«

✓ »Oh – du hast deine Rassel selbst geholt!«

✓ »Wenn du die Katze am Schwanz ziehst, tut ihr das weh.«

✓ »Wenn du deinen Mund weiter aufmachst, wird das Essen leichter hineingehen. Du wirst dann nicht so hungrig und wütend sein.«

Früh damit anzufangen, gibt uns Übung. Wenn unser Kind dann zu sprechen beginnt, sind wir bereits an aktives Zuhören und »Ich-Aussagen« gewöhnt. Aktiv zuhören und »Ich-Aussagen« helfen uns, von Anfang an eine respektvolle Beziehung mit unserem Kind aufzubauen.

STEP ERMUTIGUNG

Beachten Sie, wenn Ihr Kind versucht, etwas Positives zu tun. Konzentrieren Sie sich auf Bemühungen. Ermutigen Sie. Zum Beispiel:

✓ »Du verbringst viel Zeit damit, diesen Turm zu bauen.«

✓ »Du scheinst mir gerne zu helfen, das Abendessen vorzubereiten.«

✓ »Du hast das Puzzle zusammengebracht! Du hast so hart gearbeitet. Es ist gut, das selbst herausgefunden zu haben, nicht wahr?«

Beachten Sie besonders, wenn Ihr Kind kooperativ ist.

AUFGABE DER WOCHE

Beginnen Sie zu bemerken, was Sie zuerst sagen wollen, wenn Ihr Kind mit Ihnen spricht oder Fehlverhalten zeigt. Sprechen Sie nicht, ohne vorher nachzudenken.

Stattdessen denken Sie an eine respektvolle Art, mit Ihrem Kind zu sprechen. Tun Sie Folgendes so oft Sie können:

✓ aktiv zuhören,

✓ »Ich-Aussagen« benutzen,

✓ positive Gefühle widerspiegeln und ausdrücken.

NUR FÜR SIE

RESPEKTVOLLE KOMMUNIKATION ZWISCHEN ERWACHSENEN

Respektvolle Kommunikation zwischen Ihnen und Ihrem Kind ist wichtig. Sie ist aber auch wichtig zwischen Ihnen und anderen Erwachsenen.

Nehmen wir an, es ist Abend, und Sie spülen das Geschirr. Ihr Ehemann/Partner oder Freund stellt die schmutzigen Teller und Töpfe in den Ausguss, ohne die Essensreste zu entfernen. Sie könnten sagen: »Wenn das Geschirr nicht gleich abgewischt wird, bin ich sauer, weil es später schwieriger ist, die eingetrockneten Essensreste abzubekommen.«

Was geschieht, wenn Sie keine Antwort bekommen? Sagen Sie deutlich, was Sie wollen: »Ich möchte, dass Essensreste gleich abgewischt werden, damit ich das Geschirr nachher schnell abwaschen kann.«

121

Indem Sie »Ich-Aussagen« und klare Aussagen treffen über das, was Sie wollen, erreichen Sie drei Dinge:

- ✓ Sie sagen, was Sie wollen – »Ich möchte, dass du mich in die Arme nimmst.« »Ich brauche Zeit, um mit dir zu sprechen.«
- ✓ Sie sagen, was Sie tun werden – »Ich werde die Wäsche waschen, die im Korb liegt.« »Ich werde das Abendessen kochen, wenn du den Salat machst.«
- ✓ Sie sind freundlich und respektvoll – gleichzeitig auch entschieden und klar.

Denken Sie an ein Problem, das Sie mit Ihrem/Ihrer Ehepartner/partnerin oder einem/r Freund/in hatten. Vielleicht haben Sie nichts gesagt, wenn Sie hätten sprechen wollen. Oder vielleicht haben Sie auch gesprochen, aber auf beschuldigende Art. Wie hätten Sie das, was Sie sagen wollten, besser sagen können?

Üben Sie in der kommenden Woche, klar und respektvoll zu sagen, was *Sie* wollen. Aber übertreiben Sie nicht – machen Sie einen Schritt nach dem anderen.

Zusammenfassung

1. Kleine Kinder benutzen Körpersprache, lange bevor sie sprechen können.

2. Manchmal kennen Kinder nicht genug Worte, um ihre Gefühle auszudrücken.

3. Wenn Sie aktiv zuhören, spiegeln Sie die Gefühle Ihres Kindes und den Grund für die Gefühle wider:

   »Es tut dir Leid, dass Markus verletzt wurde?«

   »Du bist aufgeregt? Ist es weil Emma zum Abendessen kommt?«

4. Kinder müssen Worte für ihre Gefühle hören und lernen.

5. »Du-Aussagen« setzen herab und beschuldigen. Durch »Ich-Aussagen« teilen Sie mit, wie Sie sich fühlen, ohne zu beschuldigen.

6. Um eine »Ich-Aussage« zu formulieren, sagen Sie, was passiert ist, wie Sie sich fühlen und warum Sie sich so fühlen. Benutzen Sie folgende Worte:

Wenn	»Wenn ich sehe, dass du deinen Bruder schlägst,
bin ich	bin ich besorgt,
weil	weil er verletzt werden könnte.«

7. Vermeiden Sie »Ich-Aussagen«, wenn Sie wütend sind.

8. Aktives Zuhören und »Ich-Aussagen« sind Möglichkeiten, Respekt zu zeigen.

9. Es wird einige Zeit dauern, bis Ihr Kind gelernt hat, respektvoll zu sprechen und zu handeln. Geben Sie nicht auf.

Tabelle 4

Aktives Zuhören und »Ich-Aussagen«

Alter	Aktiv zuhören	»Ich-Aussagen«
Babys (0-18 Monate) Babys verstehen nicht alle Ihre Worte. Sie spüren jedoch Ihre Gefühle durch Ihren Gesichtsausdruck, Ihre Tonlage und Körperhaltung.	»Du kommst nicht an den Ball ran. Das macht dich wütend?« »Hast du Angst, dass der Hund dich beißt?« »Du bist sehr froh, dass du deinen Bären hast!«	»Wenn du so schreist, bin ich ganz traurig, weil ich weiß, dein Bäuchlein tut wieder weh.« »Wenn ich dich lächeln sehe, freue ich mich!« »Ich wüsste so gerne, weshalb du weinst.«
Kleinkinder (18-36 Monate) Kleinkinder haben bereits einen größeren Wortschatz. Achten Sie bei Ihrem Verhalten auch auf die Gefühle.	»Du bist sauer auf mich, weil ich dir keine Süßigkeiten gegeben habe?« »Du bist richtig aufgeregt, weil wir jetzt zum Spielplatz gehen!« »Dein Gesicht sagt mir, dass du unzufrieden bist – fühltst du dich unfair behandelt?«	»Wenn ich nicht weiß, warum du weinst, weiß ich auch nicht, wie ich dir helfen kann.« »Wenn du mir sagst, dass du mich nicht lieb hast, dann bin ich traurig, aber ich liebe dich trotzdem.« »Wenn Du mit den Spielsachen wirfst, fürchte ich, dass etwas kaputt gehen könnte.«

Alter	Aktiv zuhören	»Ich-Aussagen«

Vorschulkinder (3-6 Jahre)
Vorschulkinder haben bessere Fähigkeiten entwickelt, Zusammenhänge zu erfassen.
Achten Sie bei Ihren Handlungen auch weiterhin auf Gefühle.
Benutzen Sie Ausdrücke, die Gefühle genau wiedergeben.
Wenn es sein muss, raten Sie.
Aufpassen: keine Unterstellungen!

»Du siehst enttäuscht aus, weil du das Spiel nicht gewonnen hast. Möchtest du darüber sprechen?«
»Ist es möglich, dass du dich ausgeschlossen fühlst?«
»Du fühlst dich gut, weil der Lehrer deine Hilfe in der Pause zu schätzen weiß.«

»Ich fühle mich gut, wenn du deine Spielsachen wegräumst, weil es mir zeigt, dass du helfen möchtest.«
»Wenn du auf dem nassen Beckenrand rennst, habe ich Angst, dass du hinfällst und dich verletzt, weil es so glatt ist.«
»Wenn du schön mit deinen Freunden spielst, bin ich froh, weil du mit anderen gut auskommst.«

5

Wir bringen kleinen Kindern bei zu kooperieren

In diesem Kapitel werden Sie Folgendes lernen:

☞ Kooperation bedeutet Zusammenarbeit.

☞ Ihr Kind lernt zu kooperieren. Lernen braucht Zeit.

☞ Kooperation braucht Geduld und Ermutigung.

☞ Sie und Ihr Kind können zusammen Probleme lösen, indem Sie miteinander sprechen.

Wir wollen, dass unsere Kinder verantwortungsbewusste Menschen werden. Um mit anderen zusammen leben, arbeiten und spielen zu können, müssen Kinder lernen zu kooperieren. Eine unserer Aufgaben als Eltern besteht darin, Kindern Kooperation beizubringen. Wir tun dies, indem wir selbst kooperieren. Indem wir das tun, zeigen wir unseren Kindern, was Kooperation bedeutet.

Was ist Kooperation?

Manchmal benutzen Eltern das Wort »kooperieren«, wenn sie »gehorchen« meinen:

BEISPIEL
Johanna ist drei Jahre alt. Sie macht Unfug bei Tisch. Wenn sie singt, sagt ihr Vater, Herr G.: »Hör mit dem Singen auf, Johanna.« Sie füttert die Katze unter dem Tisch. Sie nimmt den Toast ihrer Schwester. Ihr Vater sagt: »Lass deine Schwester und die Katze in Ruhe.« Johanna spielt weiter den Clown. »Johanna, jetzt iss dein Abendessen!«, schimpft Herr G. Johanna ignoriert ihn. Herrn G. reicht es. Er schreit Johanna an: »Ich möchte, dass du jetzt kooperierst, junge Dame! Sitz jetzt still und iss – sonst knallt es! Wenn ich noch ein Wort von dir höre…!«

Herr G. sagt, dass er Kooperation will. Was er jedoch wirklich möchte, ist, dass Johanna gehorcht. Geschreie und Drohungen schüchtern sie vielleicht für eine Weile ein. Herr G. könnte ihr jedoch etwas viel Nützlicheres zeigen: was es bedeutet, mit ihm und den anderen Menschen im Haus wirklich zu kooperieren.

Kooperation bedeutet zusammenarbeiten. Es bedeutet nicht, dass Kinder tun, was die Erwachsenen befehlen. Es gibt viele Wege, unseren Kindern zu helfen, Kooperation zu lernen.

Wie viel Kooperation können wir erwarten?

Die Kooperationsbereitschaft unseres Kindes wird durch Ermutigung gefördert. Welche Art von Kooperation können wir von einem Baby oder Kleinkind erwarten? Was können wir tun, um ihm zu helfen, Kooperation zu lernen, einen Beitrag zu leisten und sich so zugehörig zu fühlen?

**Manchmal benutzen Eltern das Wort
»kooperieren« und meinen »gehorchen«.**

Babys

Babys sind Forscher. Sie lernen, indem sie all ihre Sinne gebrauchen – sehen, hören, riechen, berühren und schmecken. Babys erforschen ihre Umgebung ohne Regeln und ohne gesunden Menschenverstand. Teilweise erforschen sie, um auf Grenzen zu stoßen oder sie auszutesten.

Babys sehen sich selbst als Zentrum des Universums. Sie kennen die Bedürfnisse und Rechte anderer Menschen nicht. Deshalb können wir nicht von unserem Baby erwarten, dass es von Natur aus kooperiert. Das Babyalter ist jedoch die beste Zeit, damit zu beginnen, Kooperation beizubringen. Jeder Augenblick, den wir mit unserem Baby verbringen, ist eine Chance, Respekt und Kooperation zu zeigen.

BEISPIELE

Patrick ist acht Monate alt. Er wird von seiner Mutter gebadet. Sie sagt: »Du magst es gerne, wenn ich deinen Arm mit dem weichen Tuch wasche. Jetzt darfst du meinen Arm waschen. Mir gefällt das auch!« Sie führt Patricks Arm, damit er ihren Arm waschen kann.

Nadia ist fünf Monate alt. Ihr Vater füttert sie. Er legt sie auf die Krabbeldecke und sagt: »Jetzt bist du satt. Aber ich bin noch hungrig! Du kannst mir helfen. Du kannst mir Gesellschaft leisten und spielen, während ich esse!«

129

Babys können sehr entschlossen sein und entsprechend handeln.

Verstehen Patrick und Nadia die Worte ihrer Eltern? Werden die freundlichen Worte sie »dazu bringen« zu kooperieren? Nein. Patrick zieht vielleicht am Ohrring seiner Mutter. Nadia macht vielleicht Lärm und damit das Essen ihres Vaters zu einem wenig erfreulichen Erlebnis. Ist das »ungezogen«? Nein. Babys sind unreif. Ihre Handlungen sagen jedoch, was sie wollen.

Babys brauchen Erwachsene, die Grenzen setzen, in denen sie sicher sind. Indem wir Grenzen setzen, geben wir unseren Kindern Halt und bringen ihnen Kooperation bei.

BEISPIEL

Wenn Patrick seine Mutter beim Baden am Ohrring zieht, kann sie die Ohrringe ablegen. Sie kann zu Patrick sagen: »Ich weiß, du möchtest mir nicht weh tun – und ich möchte nicht, dass du mir weh tust! Möchtest du meinen Arm waschen?« Wenn er nicht dazu bereit ist, kann seine Mutter das respektieren. Sie kann ihn ruhig weiterbaden und mit der Bade-Ente ablenken. Sie lebt Kooperation vor, indem sie die Grenzen aufrechterhält.

Kleinkinder werden zunehmend selbstständiger und unabhängiger. Sie lernen auch, dass es Grenzen gibt.

Kleinkinder

Kleinkinder sind neugierig und forschen auch gerne. Sie beginnen, die Ergebnisse ihres Verhaltens zu erkennen:

✓ »Wenn ich wegrenne, läufst du mir nach.«

✓ »Wenn ich schreie, kommst du, um nach mir zu schauen.«

✓ »Wenn ich weine, umarmst du mich.«

Kleinkinder können sich schneller und weiter weg bewegen als Babys. Sie haben jedoch keine Selbstkontrolle und erkennen keine Gefahren.

Kleinkinder brauchen klare Grenzen, die ihre Sicherheit gewährleisten. Sie müssen auch anfangen, soziale Grenzen kennen zu lernen. Kleinkinder können anfangen, die Hinweise der Eltern zu verstehen, welches Verhalten angemessen ist und welches nicht.

Kleinkinder haben ein einfaches Verständnis davon, was Kooperation bedeutet.

Sie verhalten sich oft auf eine Art, die total *unkooperativ* erscheint.

131

Unser Kleinkind

- weigert sich vielleicht zu tun, worum wir es bitten,
- macht vielleicht das Gegenteil von dem, was wir sagen,
- sagt laut und oft: »Nein«.

Kleinkinder lernen, dass sie sich selbst unter Kontrolle haben können. Sie zeigen das auf vielfältige Weise, zum Beispiel, indem sie ihren Mund schließen, wenn ihre Eltern sie füttern wollen, oder wegrennen, wenn die Eltern sie anziehen möchten. Sind diese Kleinkinder »böse Kinder«? Nein. Sie lernen, was sie tun dürfen und was nicht, während sie selbstständig und unabhängig werden.

Wie können wir unser Kleinkind ermutigen zu kooperieren? Indem wir unser Kind zu positiven Aktivitäten anregen, die Selbstständigkeit, Unabhängigkeit und Selbstvertrauen fördern.

BEISPIELE

Malik ist zweieinhalb Jahre alt. Sein Großvater, Herr F., sieht, wie er mit dem Hund grob umgeht. Herr F. sagt: »Ich sehe, du streichelst den Hund. Er mag »streicheln« gerne, nicht wahr? Möchtest du mir helfen, ihn zu bürsten? So ist es richtig – zart – nicht zu fest. Genauso.«

Kim ist zwei. Sie ist laut und wild. Ihre Mutter hebt sie hoch und hält sie. Sie sagt zu Kim: »Draußen kannst du gerne rennen und laut sein, aber in der Wohnung bist du bitte leise. Ich muss jetzt abwaschen. Du kannst mir helfen. Dann gehen wir zum Spielplatz.«

**Vorschulkinder beginnen zu kooperieren.
Es ist wichtig, sie zu ermutigen.**

Vorschulkinder

Vorschulkinder werden von Emotionen beherrscht. Der Verstand beginnt jedoch im Leben der Vorschulkinder eine Rolle zu spielen. Vorschulkinder sind eher fähig, Selbstkontrolle zu üben. Sie haben eine gewisse Fähigkeit entwickelt, ihr Verhalten zu ändern, um ungewollte Konsequenzen zu vermeiden.

Wie bekommen wir die Kooperation, die wir von unseren Vorschulkindern erwarten? Wir stellen klare, einfache Regeln auf. Wir erklären die Konsequenzen, die eintreten, wenn die Regeln nicht eingehalten werden. Unser Vorschulkind wird unsere Erwartungen nicht immer verstehen. Aber das Verständnis wächst.

Es ist nicht sinnvoll, zu erwarten, dass Vorschulkinder vollständig kooperieren. Wir können jedoch erwarten, dass sie damit *anfangen*, kooperatives Verhalten zu zeigen. Vorschulkinder sind von Natur aus der Überzeugung, dass ihre Bedürfnisse und Wünsche an erster Stelle stehen. Aber der Samen für kooperatives Verhalten – Samen, der im Babyalter gelegt wurde – beginnt zu sprießen.

Wie beginnen wir, unserem Kind kooperatives Verhalten beizubringen?

Probleme zwischen Eltern und Kindern können nicht vermieden werden. Wenn wir ein Problem mit unserem Kind haben, müssen wir entscheiden, wie wir damit umgehen. Zuerst fragen wir uns: »Um wessen Problem handelt es sich? Um unser Problem oder das unseres Kindes?«

Wir entscheiden, um wessen Problem es sich handelt

Um zu entscheiden, um wessen Problem es sich handelt, stellen wir uns vier Fragen:

1. Werden unsere Rechte missachtet?
2. Ist unser Kind zu jung, um für dieses Problem verantwortlich zu sein?

133

3. Könnte jemand verletzt werden?

4. Ist das Eigentum von jemandem gefährdet?

✓ Wenn die Antwort auf eine dieser Fragen »ja« ist, dann handelt es sich um unser Problem.

✓ Wenn die Antwort auf alle Fragen »nein« ist, dann ist es das Problem des Kindes.

Bei Babys und Kleinkindern handelt es sich meistens um ein Problem der Eltern. Wenn Kinder älter werden, kann es sich bei einigen Problemen um das Problem des Kindes handeln.

BEISPIELE

Unser neunmonatiges Baby hat eine nasse Windel. Das ist unser Problem, da es sich dabei um das Wohlergehen unseres Kindes handelt.

Unser Fünfjähriger macht seine Hose nass. Er hat kein Problem mit der Kontrolle der Blase. Er muss die Hose selbst wechseln und sich selbst waschen, um zu lernen, dass er für sich selbst verantwortlich ist.

Unsere Einjährige weint, weil sie hungrig ist. Das ist unser Problem.

Unsere Vierjährige isst ihr Mittagessen nicht. Eine Stunde später beklagt sie sich, dass sie hungrig ist. Das ist ihr Problem.

BEISPIELE, *bei denen es sich um ein Problem der Eltern handelt:*

Simone ist vier. Sie weigert sich, sich morgens anzuziehen. Sie isst ihr Müsli nur sehr langsam. Frau S., Simones Mutter, hat Schwierigkeiten, sie rechtzeitig in den Kindergarten zu bringen. Sie kommt deswegen oft zu spät zur Arbeit.

Herr B. holt das Baby nach dem Mittagschlaf. Er findet die dreijährige Anne an der Wiege. Sie schubst das Baby und zieht es an den Haaren.

Der zweijährige Ben malt mit Buntstiften an die Küchenwand.

BEISPIELE, *bei denen es sich um ein Problem des Kindes handelt:*
Jonas ist zwei. Er liebt Felix, den Kater. Aber jedes Mal, wenn Jonas in seine Nähe kommt, rennt Felix weg. Jonas bricht deswegen in Tränen aus!

Die fünfjährige Gloria ist gelangweilt. Sie kommt ins Wohnzimmer. Ihr Stiefvater, Herr L., ist beim Arbeiten. Sie sagt traurig: »Es gibt nichts zu tun. Spielst du mit mir?«

Manuela und ihr Freund Ari spielen. Frau A., Manuelas Mutter, hört ein Wehgeschrei. Sie eilt ins Wohnzimmer. Manuela ist umgeben von fast all ihren Spielsachen. Sie schluchzt. Ari sitzt etwas entfernt von ihr. Er spielt mit Manuelas Lieblingsstofftier, dem Hasen. »Hase«, weint Manuela, als Frau A. den Raum betritt. »Ich will meinen Hasen!«

Bei Babys und kleinen Kleinkindern handelt es sich meist um ein Problem der Eltern.

Was ist mit Babys?

Je jünger die Kinder sind, desto mehr sind sie bezüglich ihrer Pflege von uns abhängig. Ihre Bedürfnisse zu befriedigen, ist unser Problem – sie können nur wenig für sich selbst tun.

Dennoch ist es wichtig, auch Babys das tun zu lassen, was sie können. Das baut ihren wachsenden Glauben an sich selbst auf.

BEISPIELE
Susi ist sechs Monate alt. Sie möchte ihre Rassel. Diese liegt jedoch ein paar Zentimeter außerhalb ihrer Reichweite. Sie bemüht sich, an sie heranzukommen. Susis Mutter holt die Rassel nicht für sie. Stattdessen ermutigt sie Susis Bemühungen, selbst an die Rassel heranzukommen.

Der hungrige, drei Monate alte Tim weint. Sein Vater füttert ihn. Später, zur Schlafenszeit, kommt Tim in seiner Wiege nicht zur Ruhe. Sein Vater geht nicht gleich an die Wiege. Er lässt Tim etwas Zeit, zur Ruhe zu kommen.

Wie helfen wir unserem Kind, bei der Lösung eines Problems zu kooperieren?

Wenn wir entschieden haben, um wessen Problem es sich handelt, wissen wir, was unsere nächsten Schritte sein werden. Wenn es sich um unser Problem handelt, müssen wir in Aktion treten. Wenn es um das Problem unseres Kindes geht, möchten wir vielleicht das Kind handeln lassen. Oder aber wir helfen unserem Kind dabei, das Problem eigenständig zu lösen.

Wir haben bereits viele Wege kennen gelernt, die wir gehen könnten, wenn es ein Problem gibt. Wir können:

✓ das Problem ignorieren,

✓ aktiv zuhören,

✓ eine Ich-Aussage formulieren,

✓ unserem Kind helfen, die Wahlmöglichkeiten und die möglichen Konsequenzen zu sehen.

Unser Ziel ist es, das Problem auf eine Art zu handhaben, bei der beide, sowohl wir selbst als auch das Kind, respektiert werden. Kinder lernen mehr über Kooperation, wenn sie fühlen, dass wir ihre Gefühle und Wünsche ebenfalls anerkennen. Was wir tun, wird abhängen

✓ vom Alter des Kindes,

✓ von der Art des Problems,

✓ von der Häufigkeit, in der das Problem auftritt.

**Kinder lernen mehr über Kooperation, wenn sie fühlen,
dass Sie ihre Wünsche auch anerkennen.**

Wir halten es einfach

Oft können wir eine einfache Wahlmöglichkeit geben:

✓ »Wenn du zu deiner Freundin gehen und mit ihr spielen möchtest, musst du zuerst deine Spielsachen aufräumen.«

✓ »Könnt ihr euch einigen oder wollt ihr lieber aufhören, miteinander zu spielen?«

Wir möchten, dass unsere Kinder damit anfangen zu lernen, sich auf sich selbst verlassen zu können, wenn es um die Lösung von Problemen geht. Wir finden Wege, um unsere Kinder zu ermutigen. Wir konzentrieren uns darauf, ihnen zu helfen, neue Fertigkeiten und Verhaltensweisen zu lernen.

BEISPIELE

Christopher ist drei. Er möchte nicht, dass seine Eltern ausgehen. Sie nehmen Rücksicht auf seine Gefühle. Sie bieten Christopher an, ihm noch etwas vorzulesen, bevor sie gehen. Christopher ist damit nicht zufrieden. Er brüllt und schlägt seine Eltern. Sie sagen:»Du bist wirklich sauer, weil wir ausgehen. Wir würden gerne mit dir das Buch anschauen, bevor wir gehen. Aber wir können keine Geschichte vorlesen, wenn du nicht aufhörst zu schreien, Christopher. Wenn du damit aufhörst, haben wir noch Zeit, dir etwas vorzulesen.«

Die dreijährige Nina und ihre Mutter, Frau E., sind im Zoo. Ein Löwe brüllt laut. Nina versteckt sich hinter ihrer Mutter. Frau E. sagt zu ihr: »Es klingt furchterregend, wenn ein Löwe so brüllt. Was sollen wir tun, damit deine Angst nicht so groß ist?« Nina schlägt vor, dass sie ganz fest Hand halten. Das versuchen sie. Nach einer Weile entspannt sich Nina ein bisschen. Ihre Mutter sagt: »Dein Vorschlag hat geholfen. Du siehst jetzt zufriedener aus.«

Manchmal lehren wir Kooperation durch Konsequenzen.

Frau P. hebt ihren 16 Monate alten Nicolas hoch. Er schlägt ihre Brille herunter. Frau P. setzt sie sorgfältig wieder auf. Sie sagt: »Wenn du meine Brille herunterschlägst, befürchte ich, dass die Gläser kaputtgehen.«

Ein paar Minuten später schlägt Nicolas die Brille wieder herunter. Frau P. stellt Nicolas sanft auf den Boden. »Ich möchte, dass meine Brille ganz bleibt, deswegen setze ich dich jetzt ab.«

Später möchte Nicolas wieder hochgenommen werden. Frau P. gibt ihm eine neue Chance. Sie sagt: »Willst du wieder auf meinem Schoß sitzen? Das ist in Ordnung. Aber wenn du nach meiner Brille fasst, muss ich dich wieder absetzen.«

Frau P. hat eine »Ich-Aussage« benutzt, Konsequenzen angekündigt und sie durchgeführt. Nicolas ist klein. Er hat noch nicht viel Übung darin gehabt, sein Verhalten zu kontrollieren. Er wird wahrscheinlich wieder nach der Brille fassen. Wann immer Nicolas nach der Brille fasst, setzt Frau P. ihn ab. Er beginnt, den Grund dafür zu begreifen.

Kinder müssen wissen, was geschieht, wenn sie Grenzen nicht respektieren.

Wir setzen die notwendigen Grenzen

Einige Vorschulkinder sind hartnäckig. Sie wollen Aufmerksamkeit »auf Kommando«, d.h. immer und gerade dann, wenn sie es wollen. Die Eltern haben das Gefühl, dass diese Anforderungen niemals aufhören werden. In dieser Situation ist es wichtig, Grenzen zu setzen. Wir bleiben respektvoll, wenn wir die Grenzen erklären: »Wenn jemand hier ist, der mit mir sprechen möchte, kann ich nicht gleichzeitig mit dir spielen. Du kannst mir eine kurze Frage stellen, wenn du mich brauchst. Ich antworte kurz, dann werde ich mich nur mit meiner Freundin unterhalten. Wenn sie weg ist, habe ich Zeit für dich.«

Kinder müssen wissen, was passiert, wenn sie Grenzen nicht respektieren: »Du kannst hier bleiben, wenn du ruhig spielst, oder du gehst in dein Zimmer und spielst dort weiter.« Das Kind muss wissen, dass wir meinen, was wir sagen.

Der Eifersucht zwischen Geschwistern müssen oft auch Grenzen gesetzt werden. Bei Babys, Klein- und Vorschulkindern kann Eifersucht gefährlich werden. Ein Kind könnte ein anderes verletzen. Wir müssen das jeweils jüngere Kind davor schützen, verletzt zu werden. Wir machen deutlich, dass wir es nicht erlauben werden, dass ein älteres ein jüngeres Kind verletzt: »Wir schlagen andere Menschen nicht. Es ist gefährlich. Wenn du deinen Bruder schlägst, spielst du alleine in einem anderen Zimmer.«

Wir ermutigen unser älteres Kind sooft wir können. Wir verbringen auch jeden Tag eine bestimmte Zeit alleine mit dem älteren Kind. Wir machen es zu etwas Besonderem, wenn wir unsere Aufmerksamkeit nur diesem Kind widmen.

Wir erforschen Alternativen

Eine weitere Möglichkeit, Probleme zu lösen, besteht darin, mit unserem Kind das Problem durchzusprechen. Wir nehmen uns Zeit zuzuhören, zu reden und gemeinsam einen Weg zu finden, wie das Problem gelöst werden kann. Das nennen wir *Erforschen von Alternativen*.

»Wir sprechen das Problem durch«: fünf Schritte zur Erforschung von Alternativen

1. Wir verstehen das Problem. Wir vergewissern uns, dass sowohl wir als auch das Kind verstanden haben, worum es geht. Wir stellen Fragen, die uns helfen zu verste-

hen. Wir hören aktiv zu. Wir erklären das Problem klar und respektvoll. Wir machen unsere eigenen Gefühle durch »Ich-Aussagen« deutlich.

2. Wir sammeln Ideen, um Alternativen zu finden. Wir bitten unser Kind um Vorschläge, mit denen das Problem gelöst werden kann. Wir machen auch unsere eigenen Vorschläge: »Was könnte passieren, wenn du _____?« Wir schreiben alle Vorschläge und Ideen auf.
Diese Vorschläge sind die Alternativen. Wir sind offen an dieser Stelle. Wir beurteilen die eingebrachten Ideen nicht vorschnell und ziehen an dieser Stelle noch keine Schlüsse.

3. Wir ziehen Lösungen in Betracht. Jetzt ist es an der Zeit, die Vorschläge zu beurteilen. Was hält unser Kind von den einzelnen Lösungsvorschlägen? Was meinen wir?

4. Wir entscheiden uns für eine Lösung, die wir beide akzeptieren können.

5. Wir setzen die Idee um. Wir kommen überein, die Lösung, für die wir uns entschieden haben, auszuprobieren. Wir entscheiden zusammen, wie lange wir den Vorschlag austesten wollen. Wir planen genug Zeit ein, um der Idee eine faire Chance zu geben. Wir verabreden eine Zeit, zu der wir über das Ergebnis sprechen.

Kindern, die ihren Namen schreiben können, gefällt vielleicht der Vorschlag einer schriftlichen Vereinbarung. Wenn nicht, treffen wir die Vereinbarung mündlich. Wenn die Lösung gut funktioniert hat, ermutigen wir das Kind.

Achten Sie darauf, dass Sie das Erforschen von Alternativen mit sehr kleinen Kindern so einfach und kurz wie möglich halten.

Alternativen erforschen: fünf Beispiele

Mit sehr kleinen Kindern erforschen wir Alternativen so
einfach und kurz wie möglich.

BEISPIELE

Emma ist 18 Monate alt. Sie möchte ihren Bären haben,
der auf der Kommode liegt. Sie kann ihn nicht erreichen.
Ihr Vater, Herr W., sagt: »Möchtest du den Stuhl zur Kommode hinüberschieben und dich darauf stellen? Bist du
dann groß genug?« Emma schiebt den Stuhl hinüber und
kommt an den Bären heran.

Herr W. sagt: »Jetzt schau, was du gelernt hast, Emma!
Du hast gelernt, wie du den Bären von der Kommode holen kannst.«

Katrin ist drei. Sie hat mit ihren Puppen in der Küche
gespielt. Es ist Zeit, das Abendessen vorzubereiten. Ihre
Eltern sagen ihr: »Wir können das Essen nicht vorbereiten
mit all deinen Puppen hier. Was sollen wir machen?«
Katrin sagt: »Aber sie schlafen. Es ist Schlafenszeit.« Ihr
Vater hat eine Idee: »Ich glaube, sie könnten woanders
ruhiger schlafen.« »Ich weiß wo!«, antwortet Katrin und
trägt die Puppen hinter das Sofa im Wohnzimmer. Ihre Eltern können jetzt das Essen vorbereiten.

Dominik ist vier. Er hat nebenan bei einem Freund gespielt. Seine Freunde haben zu ihm gesagt, dass er jetzt
nach Hause gehen soll. Dominik kommt weinend nach
Hause. Sein Vater, Herr S., lässt ihn erzählen, was passiert
ist und wie er sich fühlt. Dann diskutieren Dominik und
sein Vater, was sie hinsichtlich des Problems tun können.
Dominik schlägt vor: »Ich könnte Steine auf ihr Haus werfen! Oder ich könnte den ganzen Tag alleine zu Hause bleiben.« Bei jeder Idee hilft ihm Herr S., über die Konsequenzen nachzudenken: »Wenn du Steine auf ihr Haus wirfst,
was wird dann passieren? Wie wirst du dich fühlen? Wenn
du den ganzen Tag zu Hause bleibst, was wirst du tun?
Wie wirst du dich fühlen?«

Herr S. leitet Dominik an, über die Folgen seiner möglichen Handlungen nachzudenken. Je mehr er das tut, desto

141

besser wird Dominik fähig sein, zwischen Alternativen auszuwählen.

> Frau M. arbeitet von zuhause. Die vierjährige Sofia unterbricht ihre Mutter, als sie telefoniert. Nach dem Telefonat sagt Frau M.: »Wenn ich telefoniere, kann ich nicht gleichzeitig mit dir sprechen. Ich möchte das Gespräch nicht unterbrechen. Was könntest du tun, wenn du während des Telefonats etwas von mir möchtest?« Frau M. und Sofia haben folgende drei Ideen:

1. Bevor Frau M. jemanden anruft, könnte sie Sofia fragen, ob sie etwas braucht.

2. Frau M. könnte Sofia sagen, wie lange der Anruf dauern wird, und die Küchenuhr stellen. Sofia wartet geduldig, bis der Anruf vorüber ist. Dann hat Frau M. Zeit, nur ihr zuzuhören.

3. Wenn Sofia ihrer Mutter etwas sagen will, könnte sie ein Bild von dem malen, was sie möchte.

Frau M. hat angefangen, mit ihrer Tochter Alternativen zu erforschen. Eine Vierjährige kann eine Menge Vorschläge haben – wenn sie das Gefühl hat, dass ihre Ideen zählen. Als Nächstes müssen wir uns für einen der Vorschläge entscheiden und ihn umsetzen. Wenn das geschehen ist, könnte sich das Problem dennoch fortsetzen. Dann ist eine andere Vorgehensweise vonnöten. Frau M. und Sofia müssen sich andere Alternativen überlegen. Sie müssen auch über klare Konsequenzen sprechen, wenn Sofia das Fehlverhalten fortsetzt.

Alternativen erforschen kann Familien helfen, Probleme gemeinsam zu lösen.

BEISPIEL

Der fünfjährige Julian möchte nicht jeden Tag um 20.00 Uhr zu Bett gehen. Herr F., sein Vater, benutzt die fünf folgenden Schritte, um das Problem mit Julian durchzusprechen.

1. *Wir verstehen das Problem.*
   Herr F. nimmt Julian auf den Schoß und spricht in liebevollem Ton mit ihm: »Julian, die Schlafenszeit ist wirklich zu einem Problem geworden. Wenn du immer wieder aus deinem Zimmer kommst, sind deine Mutter und ich verärgert, weil wir keine Zeit alleine miteinander verbringen können. Was ist denn los?«
   Julian: »Ich will nicht alleine sein. Ich will bei euch sein.«
   Herr F.: »Du fühlst dich also einsam. Du bist lieber mit uns zusammen, ja?«

2. *Wir sammeln Ideen, um Alternativen zu finden.*
   Herr F.: »Lass uns zusammen überlegen, wie wir das Problem lösen können.«
   Folgende Ideen werden vorgetragen:
   - Vor dem Zubettgehen mehr Zeit mit Julian zu verbringen,
   - Julian darf einmal die Woche länger aufbleiben,
   - Julian darf aufbleiben solange er möchte,
   - Julian darf zum Einschlafen eine Kassette hören.

3. *Wir betrachten die Vorschläge genauer.*
   Herr F.: »Jetzt schauen wir uns die Liste an und sehen, welche Ideen wir beide gerecht finden.«

4. *Wir entscheiden uns für eine Lösung.*
   Julian: »Ich möchte aufbleiben.«
   Herr F.: »Aber ich mache mir Sorgen, dass du nicht den nötigen Schlaf bekommst. Was könnten wir stattdessen machen?«
   Julian: »Kann ich eine Kassette hören?«
   Herr F.: »Okay, ich bin bereit, das auszuprobieren. Lass uns unsere Vereinbarung aufschreiben.«

5. *Wir setzen die Lösung in die Tat um.*
   Herr F. und Julian setzen zusammen folgende Vereinbarung auf:

Julians und Papas Vereinbarung

*1.) Julian wird um 20.00 Uhr auf sein Zimmer gehen.
Er kann eine Kassette hören. Er hört sich die Kassette im Bett an, das Licht ist aus. Er wird das
Zimmer nur verlassen, um zur Toilette zu gehen.*

*2.) Bevor Julian schlafen geht, verbringen Mama
und Papa 15 Minuten mit ihm. Sie lesen ihm
eine Geschichte vor oder spielen ein Spiel. Wenn
Julian nach 20.00 Uhr zu Mama und Papa
kommt, wird er am nächsten Abend nicht die 15
Minuten mit Mama und Papa vor dem Zubettgehen verbringen.*

Unterzeichnet: Papa   Julian

Herr F.: »Soll diese Vereinbarung drei Abende gelten? Dann sprechen wir darüber, wie es geklappt hat.«

Was passiert, wenn das Problem sich nach ein paar Tagen nicht gebessert hat? Dann können Julian und sein Vater andere Lösungen entwickeln. Vielleicht haben Herr und Frau F. während des Tages nicht genug Zeit für Julian. Vielleicht müssen sie abends auch abwechselnd mehr Zeit mit ihm verbringen.

Möglicherweise hat Julian auch Angst vor etwas in seinem Zimmer. Herr und Frau F. könnten aktiv zuhören, um das herauszufinden. Es könnte nötig sein, wieder Alternativen zu erforschen. Mit der Zeit wird diese Art Zusammenarbeit der Familie helfen, das Problem zu lösen.

Wir halten Familienkonferenzen ab

Eine weitere gute Möglichkeit, Kindern zu helfen, Kooperation zu lernen, sind regelmäßige Familienkonferenzen.

Diese Konferenzen sind nicht nur dafür da, Probleme zu
lösen. Eltern und kleine Kinder können kurze Familienkonferenzen nutzen, um

✓ gute Gefühle mitzuteilen,

✓ miteinander Spaß zu haben,

✓ Entscheidungen über Familienfragen zu treffen,

✓ Ermutigung zu geben,

✓ über Probleme zu sprechen.

**Familienkonferenzen funktionieren am besten, wenn sie
kurz sind und einmal die Woche stattfinden.**

Familienkonferenzen sind für jeden in der Familie. Manchmal leben auch Großeltern im Haus. Es ist gut, wenn sie
auch an den Familienkonferenzen teilnehmen. Sie können
ihre Gefühle mitteilen. Sie können helfen, Probleme zu
lösen und Entscheidungen zu treffen. Sie können dabei
helfen, Spaß in der Familie zu planen.

Die Großeltern sind jedoch nicht für die Kinder verantwortlich. Disziplin und endgültige Entscheidungen liegen
nicht bei ihnen. Erziehung ist die Aufgabe der Eltern.
Wenn deshalb ein Konflikt entsteht, sprechen wir mit den
Großeltern. Wir hören aktiv zu. Wir erforschen Alternativen. Wir sind freundlich, aber bestimmt, was die Verantwortung für die Erziehung der Kinder betrifft. Wir sagen:
»Ich fürchte, es wird Mounir verwirren, wenn er zwei verschiedene Regeln hört. Wir als Eltern müssen die Regeln
aufstellen.«
Inwieweit kann ein Kind an den Familienkonferenzen
teilnehmen? Das ist abhängig vom Alter des Kindes.
**Babys können teilnehmen, indem sie einfach nur da
sind.** Es wird ihnen helfen, sich an die Idee einer Familienkonferenz zu gewöhnen.
**Klein- und Vorschulkinder können mit kurzen Famili-
enkonferenzen umgehen.** Die Konferenzen funktionieren

dann am besten, wenn sie kurz sind und oft stattfinden. Wir konzentrieren uns bei jeder Konferenz auf eine Sache und eine einfache Entscheidung.

BEISPIEL
Florian ist fünf. Sein Bruder Sebastian ist vier. Bei einer Familienkonferenz sprechen die Kinder und ihre Eltern über das Baden. Florian und Sebastian mögen nicht vor dem Abendessen baden. Die Familie beschließt, dass sie ausprobieren wollen, vor dem Zubettgehen zu baden. Die Kinder wollen abwechselnd zuerst baden. Vor dem Zubettgehen sagt Frau L., die Mutter: »Es ist bald Zeit zum Baden. Florian, wir haben verabredet, dass du heute Abend der Erste bist. Morgen ist Sebastian als Erster dran. Papa kommt in zehn Minuten, um das Wasser einzulassen.«

Mit Vorschulkindern oder Kindern, die etwas älter sind, möchten wir vielleicht mit förmlicheren Familienkonferenzen beginnen. Es ist jedoch auch dabei wichtig, die Konferenzen so kurz und einfach wie möglich zu halten. Und es ist wichtig, die Konferenzen regelmäßig abzuhalten. Das hilft den Kindern, Vereinbarungen über einen längeren Zeitraum einzuhalten.

Ein Plan für eine Familienkonferenz:

1. Wir teilen einander gute Erlebnisse mit.
2. Wir sprechen über die Entwicklungen seit der letzten Konferenz.
3. Wir sprechen über »neue Themen« – z.B. über etwas, was allen Spaß macht.
4. Wir entscheiden, was wir alle gemeinsam tun wollen.
5. Wir wiederholen, welche Vereinbarungen getroffen wurden.

Wir denken langfristig

Wir erinnern uns, dass unser Kind Kooperation langsam und mit der Zeit lernt. Wir lernen auch neue Fertigkeiten. Wir sind geduldig mit unserem Kind – und uns selbst. Durch unser Beispiel und durch Übung können wir eine Beziehung aufbauen, mit der wir Respekt und Kooperation beibringen.

STEP ERMUTIGUNG

Mit Fehlverhalten umzugehen, ist eine Herausforderung. Es ist aber auch eine Chance. Es gibt Ihnen die Chance, Ihr Kind von einer anderen Seite kennen zu lernen.

Achten Sie auf Möglichkeiten, die Kehrseite des Verhaltens Ihres Kindes zu sehen. Hier einige Beispiele:

✓ Ein Kind, das eigenwillig erscheint und gerne bestimmt, ist möglicherweise selbstsicher.

✓ Ein Kind, das schüchtern scheint, ist vielleicht nachdenklich.

Es ist auch hilfreich, den Humor in einer Situation zu erkennen:

✓ Ein Kind, das um 5.30 Uhr nach seiner Flasche schreit, ist »besser als ein Wecker«.

✓ Ein geschäftiges, aktives Kleinkind, das seine Eltern auf Trab hält, ist »der persönliche Fitnesstrainer« der Eltern.

147

AUFGABE DER WOCHE

Entscheiden Sie bei jedem Problem, das auftaucht, um wessen Problem es sich handelt. Benutzen Sie die Fertigkeiten, die Sie gelernt haben, um Ihrem Kind zu helfen, zu kooperieren und Probleme zu lösen.

NUR FÜR SIE

DIE LÖSUNG VON PROBLEMEN ZWISCHEN ERWACHSENEN:

Manchmal kommt es zu Konflikten mit Erwachsenen. Auch dann können Sie Alternativen erforschen. Sie folgen dabei diesen Schritten:

1. Sie verstehen das Problem.

2. Sie sammeln Ideen, um Alternativen zu finden.

3. Sie diskutieren die Vorschläge. Sie betrachten die Lösungen genauer (Vor- und Nachteile, etc.).

4. Sie entscheiden sich für eine Lösung.

5. Sie setzen die Lösung um. Sie bestimmen einen Zeitpunkt, zu dem Sie darüber sprechen, ob die Lösung funktioniert hat.

Behalten Sie folgende Vorschläge in Erinnerung:[1]

✓ **Bleiben Sie respektvoll.** Vermeiden Sie, zu kämpfen oder nachzugeben. Hören Sie aktiv zu und benutzen Sie »Ich-Aussagen«.

✓ **Sprechen Sie über das eigentliche Problem.** Nur zu oft geht es bei der Ursache des Konflikts in Wirklichkeit

1 Rudolf Dreikurs, Loren Grey: »A Parent's Guide to Child Discipline«, New York, Hawthorn, 1970

darum, wer Recht hat oder was fair ist. Sie können sagen: »Es scheint, dass wir beide versuchen zu beweisen, wer Recht hat. Ich frage mich, wie uns das helfen wird, das Problem zu lösen.«

✓ **Verabreden Sie, nicht zu streiten.** Bei einem Konflikt haben Sie die »Vereinbarung getroffen«, sich zu streiten. Um diese unausgesprochene Vereinbarung zu ändern, ändern Sie Ihr Verhalten. Seien Sie kompromissbereit.

✓ **Laden Sie jeden Beteiligten dazu ein mitzuhelfen, eine Entscheidung zu treffen.** Eine Vereinbarung kommt zustande, wenn Menschen zusammenarbeiten, um ein Problem zu lösen. Was ist zu tun, wenn das nicht geschieht? Sagen Sie, was Sie tun werden: »Da es uns nicht gelingt, das Problem durchzusprechen, werde ich ... (sagen Sie, was Sie tun werden).

Bei Problemen mit anderen Erwachsenen denken Sie darüber nach, wie Sie Alternativen erforschen können. Wie wollen Sie die Diskussion beginnen? Bemühen Sie sich, an dem Problem gemeinsam zu arbeiten.

Zusammenfassung

1. Kooperation bedeutet Zusammenarbeit.
2. Kinder lernen langsam und mit der Zeit zu kooperieren.
3. Babys kooperieren nicht von Natur aus. Aber sie können anfangen, Kooperation zu lernen.
4. Kleinkinder haben noch keine Selbstkontrolle. Sie können jedoch durch unsere Reaktion anfangen zu verstehen, welches Verhalten angemessen ist und welches nicht.
5. Vorschulkinder haben bereits eine gewisse Selbstkontrolle. Sie werden Ihre Erwartungen nicht immer verstehen. Aber ihr Verständnis dafür wächst.
6. Um zu entscheiden, um wessen Problem es sich handelt, stellen Sie sich folgende vier Fragen:
   - Werden unsere Rechte mißachtet?
   - Ist unser Kind zu jung, um für dieses Problem verantwortlich zu sein?
   - Könnte jemand verletzt werden?
   - Kann das Eigentum von jemandem beschädigt werden?
7. Bei Babys und kleinen Kleinkindern handelt es sich meistens um ein Problem der Eltern.
8. Bei einem Problem können Sie sich entscheiden, es zu ignorieren, aktiv zuzuhören, eine Ich-Aussage zu verwenden, Wahlmöglichkeiten zu geben, Grenzen zu setzen oder Alternativen zu erforschen.
9. Beim Erforschen von Alternativen durchlaufen Sie folgende Schritte:

- Verstehen Sie das Problem.
- Sammeln Sie Ideen, um Alternativen zu finden.
- Betrachten Sie die Vorschläge genauer.
- Entscheiden Sie sich für eine Lösung.
- Setzen Sie das Ergebnis in die Tat um und überprüfen Sie das Ergebnis nach einer festgesetzten Zeit.

10. Regelmäßige Familienkonferenzen können Kooperation aufbauen. Mit einem kleinen Kind halten Sie die Konferenzen kurz.

Tabelle 5

Wessen Problem ist es?

Alter	Was geschieht?	Wessen Problem ist es?	Was können Eltern tun/sagen?
Babys	Weinen könnte bedeuten, dass das Kind hungrig, nass, müde oder krank ist, oder die Windel voll hat.	Eltern	Sie, die Eltern, sollten für gewöhnlich annehmen, dass es sich um Ihr Problem handelt.
Klein-kinder	Kind möchte einen Keks. Eltern sagen »Nein«. Kind bekommt einen Wutanfall.	Kind	Hören Sie aktiv zu: »Du bist schrecklich wütend, weil du keinen Keks bekommst.« Bieten Sie Wahlmöglichkeiten an: »Du kannst eine Banane oder einen Apfel haben.« Ignorieren Sie den Wutanfall, wenn das Kind damit nicht aufhört.
	Kind weigert sich, im Auto angeschnallt zu werden.	Eltern	Aus Sicherheitsgründen muss das Kind im Auto angeschnallt werden: »Du magst den Kindersitz nicht. Aber damit dir nichts passieren kann, musst du angeschnallt werden.«

Alter	Was geschieht?	Wessen Problem ist es?	Was können Eltern tun/sagen?
Vorschul-kinder	Zwei Kinder streiten sich wegen Spielsachen.	Kinder	Helfen Sie Alternativen zu finden: »Ihr wollt beide mit den Spielsachen spielen. Habt ihr eine Idee, wie ihr die Spielsachen miteinander teilen könnt?« Wenn sie nicht kooperieren, aber nicht handgreiflich werden, lassen Sie sie selbst eine Lösung finden. Wenn die Kinder einander schlagen oder Sie wegen des Streits besorgt sind, trennen Sie die Kinder oder schicken Sie ein Kind nach Hause.
	Kind verschüttet Orangensaft.	Kind	Lassen Sie das Kind den Saft aufwischen. Helfen Sie dabei – wenn nötig.
	Kind weigert sich, zum Arzt zu gehen.	Eltern	Eltern geben Wahlmöglichkeiten: »Du kannst selbst in die Praxis laufen oder ich trage dich. Du entscheidest.«

6
Sinnvolle Disziplin
bei kleinen Kindern

In diesem Kapitel werden Sie Folgendes lernen:

☞ Disziplin ausüben und Strafen sind nicht das Gleiche.

☞ Das Ziel sinnvoller Disziplin ist es, Ihrem Kind Selbstdisziplin beizubringen.

☞ Sie können Ihrem Kind Wahlmöglichkeiten innerhalb bestimmter Grenzen geben.

☞ Mit Respekt und Konsequenz können Sie Disziplin sinnvoll ausüben.

Wir haben uns viele Möglichkeiten angeschaut, wie wir unserem Kind helfen können, kooperativer und verantwortungsvoller zu werden. Erwartungen zu hegen, die positiv und realistisch sind, fördert die Kooperation. Respekt und Ermutigung helfen unserem Kind, sich zugehörig zu fühlen, und das wiederum hilft unserem Kind, Verantwortungsbewusstsein zu entwickeln. Aktiv zuhören und Ich-Aussagen helfen uns, über unsere Gefühle und Probleme zu sprechen. Sie alle sind Teil eines wirkungsvollen Systems, durch das wir Disziplin sinnvoll ausüben.

Sind Disziplin ausüben und Strafen das Gleiche?

Manche Menschen glauben, dass Disziplin auszuüben das Gleiche ist wie Strafen. Doch Disziplin und Strafe sind nicht das Gleiche. Viele von uns sind von Eltern erzogen worden, die Belohnungen und Strafen benutzt haben, um unser Verhalten zu kontrollieren. In Kapitel 1 haben wir darüber gesprochen, was Kinder durch diese Methoden lernen:

- Belohnungen lehren Kinder, wie sie etwas bekommen – nicht, wie sie kooperieren.

- Strafen lehren Kinder, uns abzulehnen und zu fürchten. Das kann das Selbstbewusstsein mindern. Es kann der Beziehung schaden, die wir gerne hätten.

Was ist Strafe?

Strafe umfasst vieles.

✓ **Drohen, schreien/brüllen, Vorwürfe machen und beschimpfen.** Manchmal werden Drohungen durchgeführt, manchmal nicht. Manchmal macht Brüllen und Schreien die Sache noch schlimmer. Wenn wir viel schreien, hören die Kinder uns vielleicht nur noch, wenn wir schreien oder brüllen. Demütigende Beschimpfungen und Herabsetzungen sind ebenfalls nicht hilfreich.

✓ **Liebesentzug, Schweigen, nicht beachten.** Diese Art von Strafe wird als schmerzhafte, sehr entmutigende Erfahrung von Kindern erlebt.

✓ **Sachen wegnehmen.** Oft nehmen Eltern den Kindern als Strafe etwas weg. Oftmals hat das, was weggenommen wird, nichts mit dem zu tun, was das Kind angestellt hat. Das Kind lernt nichts dabei.

✓ **Schlagen.** Schlagen zeigt den Kindern, dass Gewalt ein Weg ist, Probleme zu lösen. Es tut weh. Die Kinder bekommen vielleicht Angst. Oft schlagen Eltern ein Kind aus Wut. Danach fühlen sich die Eltern möglicherweise schuldig. Durch Schlagen lernen Kinder auch, dass sich der Größere und Stärkere mit Gewalt durchsetzen kann. Menschen, die andere durch Gewalt oder psychischen Druck terrorisieren, sind oft in diesem Glauben verhaftet.

Darüber hinaus ist gewaltfreie Erziehung in Deutschland[1] gesetzlich verankert.

Disziplin ausüben und Strafen sind nicht das Gleiche.

Was ist Disziplin?

Disziplin üben wir nicht durch eine einzelne Handlung oder einzelne Aussage aus. Es handelt sich vielmehr um einen Prozess. Eltern brauchen Zeit, um zu lernen, Disziplin sinnvoll auszuüben, Kinder brauchen Zeit, um zu lernen, diszipliniert zu sein.

Das Ziel von Disziplin ist, Kindern Selbstdisziplin beizubringen. Mit Disziplin beabsichtigen wir, unsere Kinder anzuleiten, verantwortungsbewusst und kooperativ zu sein. Wenn Kinder Fehlverhalten zeigen, üben wir Disziplin sinnvoll aus, um ihnen zu helfen, sich für besseres Verhalten zu entscheiden.

1 Im deutschsprachigen Raum Europas: auch in Österreich und Luxemburg.

Wie können wir bei unserem Kind Disziplin sinnvoll ausüben?

Kinder reagieren positiv auf Respekt und positive Erwartungen der Eltern. Es gibt viele positive, respektvolle Möglichkeiten, Disziplin sinnvoll auszuüben:

D enken Sie sich etwas aus und lenken Sie das Kind ab.

I gnorieren Sie das Fehlverhalten.

S trukturieren Sie die Umgebung.

Z eigen Sie Ihrem Kind, dass Sie die Situation, nicht das Kind kontrollieren: Setzen Sie Grenzen, geben Sie dem Kind Wahmöglichkeiten innerhalb dieser Grenzen.

I mmer dann, wenn angemessen, beziehen Sie das Kind in den Prozess mit ein: Lassen Sie Konsequenzen folgen.

P lanen Sie Zeit ein, um Ihrem Kind zu zeigen, dass Sie es lieb haben.

L assen Sie Ihr Kind los.

I mmer konsequenter und berechenbarer werden.

N icht vergessen: Bemerken Sie positives Verhalten.

 Wenden Sie die »STOP Regel« an – dadurch geben Sie Ihrem Kind die Chance, sich zu beruhigen und die Selbstkontrolle wiederzuerlangen.

Einige Vorgehensweisen funktionieren besser für uns und unsere Kinder als andere. Wenn wir uns für eine bestimmte Art Disziplin entscheiden, ist es wichtig, über das Alter und den Entwicklungsstand unseres Kindes nachzudenken. Ein weiteres Element sinnvoller Disziplin ist unsere Überzeugung, dass es funktionieren wird.

> **Eltern brauchen Zeit, um zu lernen,**
> **Disziplin sinnvoll auszuüben.**
> **Kinder brauchen Zeit, um zu lernen, diszipliniert zu sein.**

Wir schauen uns die o.g. Möglichkeiten, Disziplin auszuüben, genauer an.

Wir lenken das Kind ab

BEISPIEL
Susanna ist 13 Monate alt. Sie rennt auf eine Blumenvase in der Ecke zu. »Susanna!«, ruft ihre Mutter, Frau G., in einem freundlichen, ruhigen, aber entschiedenen Ton. Susanna hält inne und schaut ihre Mutter an. Dann hebt Frau G. Susanna freundlich hoch. Sie bringt sie zu den Spielsachen in einer anderen Ecke des Raums.

Frau G. *lenkt* Susanna *ab*. Zuerst ruft sie ihren Namen, um ihre Aufmerksamkeit zu erlangen. Dann bringt sie Susanna in eine andere Zimmerecke. Sie lenkt Susannas Aufmerksamkeit auf etwas anderes. Frau G. ist dabei freundlich und bestimmt.

Handeln und weniger sprechen hilft, einen Kampf um Aufmerksamkeit oder Macht zu vermeiden. Was kann Frau G. außerdem tun?

✓ Sie kann Susanna zum Spielen in einen anderen Raum bringen.

✓ Sie kann Susanna etwas anderes zum Spielen geben.

Ablenkung funktioniert besonders gut bei Babys. Wenn unser vier Monate altes Baby an unserem Ohr zieht, geben wir ihm etwas anderes zum Spielen!

Wir ignorieren Fehlverhalten

BEISPIEL

Michael ist drei. Er möchte ein Glas Saft. In der Vergangenheit hat sein Vater, Herr V., ihm erklärt, dass er ihm geben wird, was er will, wenn er »bitte« sagt. Aber heute sagt Michael nicht »bitte«. Er weint, weil er Saft haben möchte. Herr V. schenkt ihm keine Aufmerksamkeit, sondern bereitet weiter das Abendessen vor.

Michael quengelt weiter. Dann erinnert er sich, warum er nicht bekommt, was er möchte. Er fragt wieder nach Saft, aber diesmal sagt er »bitte« mit freundlicher Stimme. Herr V. sagt: »Ich gebe dir gerne Saft. Du hast mich nett darum gebeten.«

Herr V. hat Michaels *Fehlverhalten* ignoriert. Ignorieren ist eine Fertigkeit, die bei vielen störenden Verhaltensweisen hilfreich sein kann: Angeben, Beleidigtsein, Jammern, Weinen, Wutanfällen, Machtkämpfen, Unterbrechungen, Betteln-um-Süßigkeiten und Beleidigungen.

Einige Dinge können nicht ignoriert werden. Wenn unser Kind jemanden verletzt oder in Gefahr ist, können wir das Verhalten nicht ignorieren.

Wir achten auf unsere Körpersprache. Wir überlegen uns, was wir durch unsere Mimik und Körpersprache unserem Kind mitteilen. Wenn wir nichts sagen, aber wütend schauen, ignorieren wir das Verhalten eigentlich nicht. Unser Kind erkennt das. Wir erinnern uns daran, dass die meisten Kinder nicht so leicht aufgeben. Das Verhalten könnte eine Zeitlang schlimmer werden. Wir konzentrieren uns auf das, was wir tun. Unser Gesichtsausdruck bleibt ruhig. Unsere Geduld zahlt sich gewöhnlich aus.

Kleine Kinder brauchen viele Aktivitäten, bei denen sie ihre Hände benutzen können.

Wir strukturieren die Umgebung

BEISPIEL

Auf Großmutters Tisch steht eine Schüssel mit Süßigkeiten. Die zweijährige Laura nimmt ein Bonbon. Die Großmutter, Frau W., sagt, dass ein Bonbon genug ist. Sie stellt die Schüssel in den Schrank.

Frau W. *strukturiert die Umgebung*. Sie weiß, dass Laura mehr Bonbons haben möchte. Indem sie die Schüssel wegstellt, hilft sie Laura, die Süßigkeiten zu vergessen. Frau W. könnte auch ein Kindergitter benutzen, um das Zimmer für Laura abzusperren. Eine andere Möglichkeit wäre, Laura für kurze Zeit in den Laufstall zu stellen. Auf diese Weise ist Laura in Sicherheit, wenn Frau W. schnell etwas tun muss.

Durch »Anfassen« Lernen

Kleine Kinder müssen forschen und erforschen. Auf diese Weise lernen sie. Deshalb müssen sie viele Erfahrungen machen, bei denen sie ihre Hände benutzen können. Indem wir die Umgebung strukturieren, müssen wir weniger oft: »Nein!« sagen.

Es ist ratsam, auch *Kinder- oder Babysicherungen* zu benutzen. Sobald Babys sich alleine bewegen können, ist es an der Zeit, unser Heim kindersicher zu machen. Wir können nicht jede einzelne Gefahr bannen oder alles außer Reichweite des Kindes stellen. Aber wir können unser Heim viel sicherer gestalten.

Beim Strukturieren der Umgebung können wir auch darauf achten, dass Gegenstände, die das Kind berühren und benutzen darf, in seiner Reichweite bleiben. Das wird ihm Gelegenheiten zum Anfassen geben. Es ist dadurch auch leichter, unser Kind zu beobachten. Geschätzte Gegenstände zu sichern, wird auch leichter.

161

»Mein« und »dein«

Kleinkinder lernen, was »mein« und »dein« bedeuten. Gleichzeitig bringen wir unserem Kind bei, bestimmte Dinge nicht anzufassen. Indem wir das tun, helfen wir ihm, damit anzufangen, den Unterschied zwischen »mein« und »dein« zu lernen.

BEISPIEL
Christian ist zweieinhalb Jahre alt. Sein Vater, Herr N., zeigt ihm ein für ihn besonders kostbares Stück Holz, das er gefunden hat. »Das gehört mir«, sagt Herr N. zu Christian. »Bitte, frage mich, bevor du es anfasst.« Dann zeigt er auf Christians Stofftier, einen Löwen. Herr N. sagt dazu: »Simba gehört dir. Darf ich ihn halten?«
Herr N. wiederholt diesen Prozess von Zeit zu Zeit. Auf diese Weise lernt Christian, was Eigentum bedeutet.

Mit der Zeit wird unser Kind lernen zu respektieren, was uns gehört. Während dies geschieht, können wir langsam damit beginnen, mehr von unseren Sachen im Wohnzimmer zu belassen. Natürlich wird jedes Kind Fehler machen! Kinder lernen Selbstkontrolle und Respekt für das, was anderen gehört, durch Erfahrungen.

Rituale

Rituale im Alltag zu schaffen, ist eine andere Möglichkeit, Struktur in die Umwelt unseres Kindes zu bringen. Besonders hinsichtlich folgender Tageszeiten ist es wichtig, Rituale zu entwickeln: am Morgen, zu den Essens- und Schlafenszeiten. Rituale setzen unserem Kind Grenzen. *Kinder brauchen Grenzen.* Sie helfen Kindern zu wissen, was sie erwarten können. Unsere Rituale stimmen möglicherweise nicht mit denen der Nachbarn überein. Das ist in Ordnung. Es ist nur wichtig, dass wir Rituale entwickeln, an die wir uns meistens halten.

BEISPIEL
Daniel ist drei. Bei ihm zu Hause gibt es Frühstück nach
dem Anziehen. Mittagessen, die kleine Mahlzeit zwischendurch und Abendessen werden jeden Tag ungefähr um die
gleiche Zeit eingenommen. Zu Daniels täglichem Ritual
vor dem Zubettgehen gehören ein Bad und eine Gute-
Nacht-Geschichte.

Wir kontrollieren die Situation, nicht das Kind

Eltern denken oft, dass sie ihre Kinder kontrollieren müssen. Sie fürchten, dass – wenn sie das nicht tun – ihre Kinder sie kontrollieren. Aber Kinder wollen – und müssen –
das Gefühl haben, dass auch sie Kontrolle ausüben können.
Innerhalb bestimmter Grenzen eine gewisse positive Kontrolle zu haben, hilft Kindern, unabhängig, selbstständig
und selbstbewusst zu werden.

Wie können wir unserem Kind diese positive Kontrolle
geben? *Wir kontrollieren die Situation – nicht das Kind.* Wir
tun dies, indem wir Grenzen setzen und Wahlmöglichkeiten geben.

Wir setzen Grenzen

Statt Befehle zu erteilen, setzen wir Grenzen. Indem wir die
Umwelt unseres Kindes strukturieren, setzen wir Grenzen.
Das Kind ist frei, die meisten Räume und Dinge zu erforschen. Wenn die Gefahr besteht, dass das Kind etwas zerbricht oder etwas Gefährliches tut, handeln wir entsprechend folgender Vorschläge:

✓ Wir lenken das Kind ab.

✓ Wir entfernen den Gegenstand, den das Kind nicht
   berühren bzw. benutzen soll.

✓ Wir bringen eine Tür oder ein Gitter an, das dem Kind
   räumliche Grenzen setzt.

✓ Wir entfernen das Kind aus der Gefahrenzone – falls
   notwendig.

163

Wir geben Wahlmöglichkeiten

Wir können unserem älteren Kleinkind oder Vorschulkind Wahlmöglichkeiten innerhalb von Grenzen geben, die wir gesetzt haben. Die Grenzen geben uns eine gewisse Kontrolle. Die Wahlmöglichkeiten geben unserem Kind eine gewisse Kontrolle:

- ✓ »Du kannst leise spielen, während ich am Telefon bin, oder du kannst auf dein Zimmer gehen. Es ist deine Entscheidung.«
- ✓ »Welche dieser Spielsachen möchtest du gerne mit zu den Großeltern nehmen?«
- ✓ »Wie viele Erbsen möchtest du – so viele oder so viele?«
- ✓ »Möchtest du deinen roten oder deinen blauen Schlafanzug anziehen?«

Ihre Kinder lernen besser zu kooperieren, wenn sie fühlen, dass Sie ihre Wünsche anerkennen.

Wir beziehen das Kind mit ein

Indem wir kleinen Kindern Wahlmöglichkeiten geben, *beziehen* wir sie in den Prozess sinnvoller Disziplin mit *ein*. Das hilft ihnen Unabhängigkeit, Selbstständigkeit und Kooperationsbereitschaft zu entwickeln.

Wenn wir Wahlmöglichkeiten geben, lehnt unser Kind vielleicht beide Möglichkeiten ab und sagt: »Nein, ich will *das!*« Dann könnten wir erwidern: »Das steht nicht zur Wahl.«

Natürliche und logische Konsequenzen

Wenn wir das Verhalten unseres Kindes korrigieren müssen, können wir eine Konsequenz folgen lassen. Eine Konsequenz ergibt sich aus der Wahl des Kindes.

Natürliche Konsequenzen passieren von selbst. Zum Beispiel wird ein Kind, das sich weigert, sein Mittagessen zu

essen, Hunger bekommen. Ein müdes Kind wird leicht
missmutig oder ist launisch. *Logische Konsequenzen* ereignen sich nicht von selbst. Wir als Eltern müssen die logische Konsequenz schaffen.

BEISPIEL
Toni ist drei. Er fährt mit seinem Dreirad absichtlich Kris-
tin in die Beine. Es folgt eine logische Konsequenz. Tonis
Mutter, Frau M., kann Toni vorübergehend die Erlaubnis
entziehen, mit dem Dreirad zu fahren. Sie kann zu ihm sagen: »Mir scheint, du bist noch nicht so weit, das Dreirad
richtig zu benutzen.«

Viele Situationen haben keine natürlichen Konsequenzen.
Außerdem sind viele natürlichen Konsequenzen nicht sicher
für das Kind. Dann müssen wir Eltern eine logische Konsequenz schaffen.

BEISPIEL
Lena ist dreieinhalb. Ihr Vater, Herr L., weiß, dass er ihr
nicht erlauben kann, auf die Straße zu rennen, um die Gefahr, von einem Auto überfahren zu werden, kennen zu
lernen! Deshalb stellt Herr L. eine logische Konsequenz
auf. Er sagt: »Lena, auf der Straße zu spielen, ist gefährlich. Denn ein Auto könnte dich anfahren und verletzen.
Spiele bitte auf dem Hof oder im Haus – du entscheidest.
Wenn du in die Nähe der Straße gehst, weiß ich, dass du
entschieden hast, für eine Weile ins Haus zu kommen.«

Was passiert, wenn Lena sich entscheidet, auf die Straße zu
gehen? Dann weiß Herr L., dass sie die Entscheidung getroffen hat, für eine Weile ins Haus zu kommen. Etwas
später kann Herr L. ihr wieder eine Chance geben. Wenn
Lena wieder in die Nähe der Straße geht, hat sie sich wieder entschieden, im Haus zu spielen. Dieses Mal wird Herr
L. sie etwas länger im Haus lassen. Auf diese Weise wird
Lena die Grenzen kennen lernen.

165

Inwiefern unterscheiden sich Konsequenzen von einer Strafe?

Konsequenzen

✓ zeigen Respekt für beide, sowohl für uns, also die Eltern, als auch unser Kind,

✓ passen zum Fehlverhalten,

✓ sind die Folge einer schlechten Entscheidung – sie richten sich nicht gegen ein »böses« Kind,

✓ beziehen sich auf die Gegenwart – nicht auf vergangene Ereignisse,

✓ sind bestimmt und freundlich,

✓ erlauben Wahlmöglichkeiten innerhalb bestimmter Grenzen.

Konsequenzen zeigen Respekt. Mit Konsequenzen zeigen wir Respekt für beide, für uns und unser Kind.

BEISPIEL
Wir sprechen mit einem anderen Erwachsenen. Unser Kind, Thomas, kommt ins Zimmer, um zu spielen. Sein Spiel wird lauter. Wir schreien nicht: »Sei still oder geh raus hier!« Wir sagen stattdessen: »Thomas, wir möchten miteinander sprechen. Spiele bitte leise oder gehe zum Spielen in ein anderes Zimmer.«

Konsequenzen »passen«. Konsequenzen machen Sinn. Sie passen zum Fehlverhalten.

BEISPIEL
Wir erklären unserer Dreijährigen, wo sie ihr Dreirad fahren darf. Sie fährt außerhalb der gesetzten Grenzen. Wir schicken sie deshalb nicht frühzeitig ins Bett. Ins Bett gehen hat nichts mit Rad fahren zu tun. Stattdessen geben wir ihr Wahlmöglichkeiten. Wir sagen: »Du kannst da fahren, wo ich es dir erlaubt hab oder du stellst das Dreirad weg und machst für eine Weile etwas anderes.«

Bei Konsequenzen geht es um das Verhalten, nicht um das Kind. Konsequenzen sind die Folge schlechter Entscheidungen – sie sind nicht dafür da, »böse« Kinder zu strafen. Vielleicht haben wir den Satz gehört: »Wir trennen die Tat vom Täter«.

Konsequenzen helfen uns, das zu tun. Das Fehlverhalten muss geändert werden – nicht das Kind! Konsequenzen sagen unserem Kind: »Was du tust, gefällt mir nicht, aber ich hab dich trotzdem lieb.«

BEISPIEL
Unser Vorschulkind ist wütend und wirft mit Absicht Essen auf den Boden. Wir schreien es nicht an oder schlagen es. Wir gehen einfach davon aus, dass das Kind mit dem Essen fertig ist. Wir sagen: »Ich sehe, du bist fertig mit dem Essen. Unser nächstes Essen wird um … Uhr sein.« Dann kann das Kind vom Tisch aufstehen.

Konsequenzen sagen unserem Kind: »Was du tust, gefällt mir nicht. Ich hab dich trotzdem lieb.«

Konsequenzen beziehen sich auf die Gegenwart. Konsequenzen beziehen sich auf die Gegenwart – nicht auf vergangene Ereignisse.

BEISPIEL
Unser Kind möchte einen Freund fragen, ob er zum Spielen kommen möchte. Das letzte Mal, als der Freund zum Spielen kam, haben sich die Kinder gestritten. Wir sagen nicht: »Nein. Ihr beiden streitet euch nur!« Wir sagen: »Du kannst Fabian einladen, wenn ihr miteinander auskommt und bereit seid, gut miteinander zu spielen. Wenn ihr zu streiten beginnt, geht Fabian nach Hause.«

Mit dieser Aussage haben wir uns auf das konzentriert, was die Kinder jetzt tun werden – nicht darauf, was sie in der Vergangenheit getan haben. Wir haben auch erklärt, was wir mit Kooperation meinen. Das gibt dem Kind die Gelegenheit, zu hören und zu lernen, was Kooperation ist.

Konsequenzen sind freundlich und bestimmt. Mit Konsequenzen zeigen wir Respekt und Fürsorge.

BEISPIEL
Es ist Schlafenszeit für unsere zweieinhalbjährige Manon. Wir sagen nicht: »Geh schnell ins Bett, sonst gibt es Ärger!« Stattdessen sagen wir: »Es ist jetzt Zeit, ins Bett zu gehen. Möchtest du selbst auf dein Zimmer gehen oder würde es dir Spaß machen, getragen zu werden?«

Konsequenzen erlauben Wahlmöglichkeiten. Durch Wahlmöglichkeiten bekommt das Kind eine gewisse Kontrolle.

BEISPIEL
Wir sagen zu unserem zweijährigen Tobias: »Du kannst mit dem Hund spielen, wenn du vorsichtig mit ihm umgehst. Wenn du ihn zu hart anpackst oder trittst, musst du mit etwas anderem spielen.«

BABYS UND KONSEQUENZEN

In den meisten Fällen sind Babys zu jung für logische Konsequenzen. Kinder in diesem Alter sind nicht so weit, logisch zu denken. Natürlich gibt es Probleme mit dem Verhalten von Babys. Dann lassen Sie Konsequenzen folgen.

Stellen Sie sich vor, ein Baby sticht seinem Vater in die Nase. Der Vater kann dem Baby die Hand festhalten oder es auf den Boden setzen. Auf diese Weise wird ihm nicht mehr in die Nase gestochen. Aber er kann nicht davon ausgehen, dass eine Einjährige die Konsequenz ihres Verhaltens *versteht*. Das Kind *lernt* durch die Erfahrung, was es tun darf und was nicht. Aber dieses Lernen hält möglicherweise nicht lange vor.

Richtlinien für die Benutzung von logischen Konsequenzen

Es folgen einige Möglichkeiten, Konsequenzen wirksam
einzusetzen.

Wir akzeptieren die Wahl des Kindes. Wenn unser Kind
sich entscheidet, lassen wir die Entscheidung gelten – für
den Augenblick. Später bieten wir unserem Kind eine andere Gelegenheit zu kooperieren.

> BEISPIEL
> Diana ist fünf. Sie isst Kekse im Wohnzimmer und hinter-
> lässt überall Krümel. Als sie das nächste Mal Kekse isst,
> wird ihr erlaubt, in der Küche zu essen – nicht aber im
> Wohnzimmer. Das übernächste Mal kann sie es wieder im
> Wohnzimmer versuchen.

Einigen Kindern fällt es schwer, sich zu entscheiden. Vielleicht wissen sie nicht, was sie wollen. Sie möchten eventuell, dass wir für sie entscheiden. Wenn das geschieht, begrenzen wir die Zeit, die dem Kind für die Entscheidung
zur Verfügung steht.

Kinder sind zuweilen unentschlossen. Sie als Eltern können helfen, indem Sie
eine Änderung der vorangegangenen Entscheidung des Kindes nicht zulassen.

BEISPIEL
Maritta ist drei. Ihre Stiefmutter, Frau T., lässt ihr die Wahl, welchen Belag sie auf ihrem Brötchen haben möchte. Maritta hat Probleme, sich zu entscheiden. »Denke darüber nach, Maritta«, sagt Frau T. »Lass es mich wissen, wenn du dich entschieden hast.«

Zehn Minuten später kommt Maritta und sagt: »Ich weiß nicht, was ich nehmen soll.« Frau T. erwidert: »In Ordnung, ich stelle die Uhr am Herd auf zehn Minuten. Bis dahin hast du dich entschieden.« »Aber was ist, wenn ich mich dann immer noch nicht entscheiden kann?«, fragt Maritta. Mit einem freundlichen Ton in der Stimme sagt Frau T.: »Wenn du dich bis dahin nicht entscheiden kannst, weiß ich, dass du dich entschieden hast, kein Brötchen zu essen.«

Unser Kind wird sich möglicherweise manchmal für Konsequenzen entscheiden, um uns auf die Probe zu stellen. Das Kind wird wissen wollen, ob wir meinen, was wir sagen.

Wenn das passiert, respektieren wir die Entscheidung unseres Kindes. Wir sagen einfach: »Ich sehe, du hast dich entschieden. Du kannst es morgen nochmals probieren.« Dabei bleiben wir sachlich. Unsere Stimmlage, unser Gesichtsausdruck und unsere Körpersprache unterstreichen unsere Aussage.

Wir verlängern die Zeit bei wiederholtem Fehlverhalten.
Jedes Mal, wenn das Fehlverhalten wiederholt auftritt, verlängern wir die Zeit, die wir als Konsequenz angesetzt haben, z.B. in der das Kind die Tätigkeit nicht ausüben darf oder mit dem Spielzeug nicht spielen darf etc.

BEISPIEL
Diana erhält beim zweiten Versuch wieder die Erlaubnis, im Wohnzimmer Kekse zu essen. Als sie wieder eine Unordnung hinterlässt, tritt ein, was ihre Familie beschlossen hat, sie darf die nächsten beiden Male ihre Kekse nicht im Wohnzimmer essen.

Wir benutzen respektvolle Worte. Wenn wir die Wahl geben, sprechen wir in freundlichem und hilfreichem, aber bestimmten Ton über die angebotenen Möglichkeiten.

Wir könnten Folgendes sagen: »Du kannst _____ oder _____ machen/haben/tun. Du entscheidest.«

✓ »Du kannst leise sein oder den Raum verlassen. Du entscheidest.«

✓ »Du kannst ruhig mit Leon spielen oder du gehst mit Papa spazieren. Du entscheidest.«

Wir können außerdem zur Wahl stellen: »Du darfst _____, wenn du _____.«

✓ »Du darfst mit dem Baby spielen, wenn du es vorsichtig anfasst.«

✓ »Du darfst auf meiner Schulter sitzen, wenn du still sitzt.«

Eine andere Möglichkeit ist, einfach zu sagen, was wir tun werden, wenn das Kind seine Entscheidung getroffen hat:

✓ »Ich werde dir helfen, wenn du mich freundlich bittest.«

✓ »Wenn du nicht fertig angezogen bist, wenn die Uhr abgelaufen ist, dann hast du entschieden, dass du im Schlafanzug in den Kindergarten gehst.«

Kinder hören nicht mehr zu, wenn Eltern zu viel reden.

Wir sprechen weniger und handeln mehr. Kinder hören nicht mehr zu, wenn Eltern zu viel reden. Die beste Zeit, miteinander zu sprechen, ist, wenn wir mit unserem Kind gut auskommen. Wenn wir die Konsequenzen durchführen, sprechen wir so wenig wie möglich – wir *handeln* konsequent.

Wir machen deutlich, wenn es keine Wahlmöglichkeit gibt. Oft bieten Eltern Wahlmöglichkeiten an, die sie eigentlich nicht möchten. Wenn es eigentlich *keine* Wahlmöglichkeit *gibt*, tun wir auch nicht so, als ob es eine gäbe. Es würde nur noch mehr Probleme verursachen. Stattdessen sagen wir deutlich, was wir erwarten.

BEISPIEL
Es ist Zeit für Sandra, vom Spielen nach Hause zu kommen. Ihre Mutter, Frau H., fragt sie nicht: »Möchtest du jetzt ins Haus kommen, Sandra?« Frau H. weiß, dass sie höchstwahrscheinlich ein »Nein« auf diese Frage zu hören bekäme. Stattdessen sagt Frau H.: »Es ist jetzt Zeit, ins Haus zu kommen.«

Was geschieht, wenn Sandra sagt: »Noch nicht. Ich will noch ein bisschen spielen.« Frau H. kann ihr zur Wahl stellen, *wie* sie hereinkommen will: »Möchtest du alleine reinkommen oder soll ich dir dabei helfen?« Frau H. kann beobachten, was Sandra tut. Sie kann auf Sandras Entscheidung reagieren.

Schreien, nörgeln oder drohen machen aus einer Konsequenz eine Strafe.

Wir bleiben ruhig. Schreien, nörgeln, schimpfen oder drohen machen aus einer Konsequenz eine Strafe. Wir bleiben ruhig. Wir sind sowohl freundlich als auch bestimmt. Wir zeigen Respekt für uns und unser Kind.

Vielleicht hilft es, den/die (Ehe)Partner/In oder eine/n Freund/in zu bitten, uns Feedback zu geben hinsichtlich der Wirkung unserer Gestik und Mimik in bestimmten Situationen, z.B. wenn wir sehr wütend sind. Wir achten auch auf unsere Tonlage. Es wird uns helfen, auf unerwartete Situationen vorbereitet zu sein.

Wir planen Zeit ein, in der wir unserem Kind zeigen, dass wir es lieb haben

Unser Kind braucht unsere Aufmerksamkeit. Es ist wichtig, jeden Tag eine gewisse »besondere« Zeit mit unserem Kind zu verbringen. Wir machen diese Zeit zu einem täglichen Ritual. Wir spielen miteinander, schmusen und freuen uns daran, zusammen zu sein. Unser Kind braucht das für seine emotionale Entwicklung. Unsere Beziehung braucht es auch. Es kann auch helfen, Verhaltensprobleme zu verhindern.

BEISPIELE

Friederike ist zwei. Jeden Abend vor dem Zubettgehen schaukelt ihre Mutter, Frau B., ihre Tochter und singt ihr vor. Diese Zeit ist zu einem wichtigen gemeinsamen Teil des Tages für beide geworden. Friederike singt mit und bittet um ihre Lieblingslieder. Dieses liebevolle Ritual gibt Frau B. und Friederike jeden Tag 15 – 20 Minuten innigen Beisammenseins. Außerdem baut es ihre Beziehung auf und es hilft Friederike, sich auf die Nacht vorzubereiten.

Jan Moritz ist vier. Er und sein Vater, Herr G., stehen gerne früh auf. Am Morgen, bevor Herr G. zur Arbeit geht, führen sie beide den Hund spazieren. Durch diesen morgendlichen Spaziergang verbringen Jan Moritz und sein Vater regelmäßig Zeit miteinander. Es ist außerdem eine schöne Art, den Tag zu beginnen.

Wir lassen los

Unser Kind wächst heran und lernt zu kooperieren. Wir können zeigen, dass wir das bemerken. Wir können das Selbstvertrauen unseres Kindes aufbauen. Wie gelingt uns das? Indem wir lernen, loszulassen und weniger zu kontrollieren.

Natürlich brauchen Kinder Schutz. Zu viel Schutz ist jedoch nicht gut. Wir müssen ein Gleichgewicht finden:

- Ein Vater kann aus einem gewissen Abstand beobachten, wie sein Baby im Gras krabbelt. Er muss nicht jede Sekunde direkt an seiner Seite sein.

- Eine Mutter kann in der Nähe sein und beobachten, wie ihre Zweijährige den ihr bekannten kinderlieben Nachbarhund begrüßt, der an der Leine geführt wird. Die Grenze hinsichtlich der Sicherheit liegt im Ermessen der Eltern.

- Eltern können ihrem fünfjährigen Kind erlauben, Rad fahren zu lernen. Das Kind wird dabei sicher einige Schürfwunden und Stürze erleiden.

Gewähren lassen oder Befehle erteilen wird uns nicht dabei helfen loszulassen. Wir erinnern uns daran, dass Kinder Wahlmöglichkeiten innerhalb von Grenzen brauchen. Wir fragen uns: »Wird dieses Verhalten meinem Kind helfen, mit anderen zu kooperieren?« Wenn die Antwort »nein« ist, dann ist es notwendig, dem Kind Grenzen zu setzen.

Loslassen ist ein Prozess. Er beginnt, wenn unsere Kinder sehr klein sind, und setzt sich über viele Jahre fort. Wenn unsere Kinder respektvolles Verhalten zeigen, geben wir ihnen mehr und mehr Freiraum.

Loslassen ist ein Prozess, der sich über Jahre erstreckt.

Wir werden konsequenter und beständiger

Bei der Anwendung von Disziplin ist Berechenbarkeit von größter Bedeutung, d.h. es ist wichtig, dass wir zuverlässig und konsequent handeln. Wir gehen mit dem gleichen Verhalten stets auf gleiche Weise um – egal wo oder wann es auftritt. Natürlich gibt es keine perfekten Eltern. Wir werden nicht immer gleichermaßen konsequent bzw. berechenbar sein. Unser Ziel ist jedoch, unsere Berechenbarkeit zu erhöhen. Je berechenbarer wir sind, umso wirksamer sind wir bei der Ausübung von Disziplin.

Wir sind auch in der Öffentlichkeit konsequent. Es ist nicht immer leicht, konsequent zu sein. Aber der Einsatz lohnt sich. Denn unser Kind wird dadurch Grenzen kennen lernen und wissen, was es zu erwarten hat.

BEISPIEL
Frau N. und ihr Vorschulkind Leonie gehen einkaufen. Bevor sie gehen, sagt Frau N.: »Wir werden heute keine Spielsachen kaufen. Wir brauchen einige Sachen für unsere Wohnung.« Im Geschäft möchte Leonie ein Spielzeug, das sie im Fernsehen gesehen hat. Sie beginnt zu betteln. Frau N. nimmt Leonie an die Hand und hält sie neben sich, ignoriert das Lamentieren und macht weiter mit dem Einkaufen. Schließlich sagt Frau N.: »Wenn du weiter quengelst, hast du dich dafür entschieden, nach Hause zu gehen.«

Leonie quengelt ausdauernd weiter. Frau N. beendet ihren Einkauf und fährt nach Hause. Sie bleibt dabei respektvoll. Sie sagt zu Leonie: »Ich sehe, du hast dich dafür entschieden, nach Hause zu gehen.«

Auch Restaurants können ein Problem darstellen. Wir wählen ein Restaurant aus, das Essen anbietet, das auch unser Kind mag. Wir sprechen vor Betreten des Restaurants darüber, was das Kind bestellen möchte: Z.B. »Möchtest du Bratwurst oder Hähnchen zum Gemüse?«

Wir lassen unser Kind ein kleines Spielzeug mitnehmen oder Buntstifte und Papier. Wir halten an den üblichen Verhaltensregeln fest. Wenn das Kind Fehlverhalten zeigt, ist das Essen beendet. Wir oder ein anderer Erwachsener können das Kind mit nach draußen nehmen. Wir warten draußen mit dem Kind, bis die anderen mit dem Essen fertig sind.

Manchmal ist das nicht möglich. Dann müssen auch wir möglicherweise unser Essen beenden. Es ist unangenehm für uns, aber das Kind lernt, wo die Grenzen sind.

Für Babys und Kleinkinder können die täglichen Besorgungen und das Essen außer Haus stressig sein. Wenn

175

möglich, finden wir einen Weg, um Besorgungen alleine durchzuführen. Wenn das nicht möglich ist, planen wir die Besorgungen so, dass sie nicht zu viel Stress verursachen. Wir beginnen damit, dass wir uns vergewissern, dass unser Kind satt und ausgeruht ist. Während des Einkaufs finden wir Möglichkeiten, unser Kind zu beteiligen, so dass es ihm Spaß macht:

✓ Bei der Post lassen wir unser Kind die Briefe in den Briefkasten werfen.

✓ Beim Gemüsehändler fragen wir unser Kind nach den Namen für die Früchte und das Gemüse.

Wir machen uns keine Gedanken darüber, was andere denken. Andere zu besuchen und Gäste zu haben, kann stressig sein. Ein Baby macht möglicherweise mehr Schwierigkeiten als gewöhnlich. Ein Kleinkind verliert vielleicht die Selbstkontrolle. Das zu verstehen, kann uns helfen, konsequent zu handeln und berechenbar zu bleiben.

Möglicherweise sagen Verwandte und Freunde:

✓ »Gib ihr doch noch etwas Schokolade.«

✓ »Das ist in Ordnung – er stört mich nicht.«

Das kann eine Herausforderung darstellen. Wir bleiben ruhig und freundlich, aber bestimmt. Wir sagen zu dem Erwachsenen: »Danke für dein Verständnis. Aber zwei Riegel Schokolade sind genug.« Wenn die Schwierigkeiten andauern, müssen wir vielleicht gehen oder das Kind in ein anderes Zimmer bringen.

Es ist nicht leicht, entschieden zu bleiben, wenn andere Eltern unser Verhalten in Frage stellen. Aber die Botschaft für das Kind ist eindeutig. Unser Kind erkennt, dass unsere Grenzen berechenbar sind. Wir bauen Respekt auf.

Manchmal ist es Eltern peinlich, wenn ihr Kind Fehlverhalten zeigt. Sie glauben, dass es ihre Schwäche zeigt. Aber Kinder haben ihre eigenen Ideen. Sie werden sich nicht immer so verhalten, wie wir es wünschen. Wenn sie das nicht tun, liegt es nicht immer an uns.

Wenn andere Kinder zum Spielen kommen

Wenn Spielgefährten zu Besuch kommen, kommt es oft zu Disziplinproblemen. Wir akzeptieren das Fehlverhalten unseres Kindes nicht, nur weil ein anderes Kind zu Besuch ist. Wir bleiben uns treu bei der konsequenten Anwendung von Disziplin.

Kinder, die zu Besuch zu uns nach Hause kommen, müssen auch unsere Regeln kennen. Wir erklären sie. Wir sind konsequent, wenn es Probleme gibt. Zu Anfang testen uns die Kinder möglicherweise. Wir bleiben freundlich und bestimmt. Die Kinder werden begreifen, dass wir meinen, was wir sagen. Sie werden dann höchstwahrscheinlich eher bereit sein, zu kooperieren. Wenn nicht, ist es vielleicht nötig, den Besuch abzubrechen und den Gast nach Hause zu schicken.

Wenn die Regeln anders sind

In verschiedenen Familien gibt es verschiedene Regeln. Wir helfen unserem Kind, das zu verstehen: »Bei uns zu Hause ist es in Ordnung, wenn du in meinem Schlafzimmer spielst. Aber bei Andrea spielst du nur, wo es ihre Mutter erlaubt.«

Kinder haben ihre eigenen Ideen. Sie verhalten sich nicht immer so, wie Sie es gerne hätten.

Wir bemerken positives Verhalten

Grenzen sind notwendig. Wir können jedoch das Setzen von Grenzen an anderer Stelle mit positiven Worten und Handlungen ausgleichen. Wenn wir positives Verhalten bemerken, können wir zu unserem Kind öfter »ja« als »nein« sagen.

Dies geschieht, indem wir über das Positive sprechen und das Negative nicht erwähnen.

177

Wir bemerken, wenn unser Kind mit anderen kooperiert: »Es macht dir Spaß, mit Saskia zu spielen.« Das ist gut für das Selbstbewusstsein unseres Kindes. Es kann auch dazu beitragen, positiveres Verhalten zu ermutigen.

Wir wenden die »STOP Regel« an

Die sogenannte »STOP Regel« kann unserem Klein- oder Vorschulkind helfen, seine Selbstkontrolle wiederzuerlangen. Sie kann dem Kind die Zeit geben, die notwendig ist, um sich wieder zu beruhigen.

Ein Wort der Vorsicht: Wir benutzen diese »STOP Regel« als *letzte Möglichkeit* – wenn alle anderen Methoden nicht funktioniert haben. Die »STOP Regel« ist ausschließlich bei sehr störendem Verhalten angemessen wie:

1. Wutanfällen,

2. hartnäckigen Unterbrechungen,

3. schlagen und beißen.

Der Zweck der »STOP Regel«

Mit der »STOP Regel« verfolgen wir zwei Ziele:

✓ dem Kind beizubringen, sein Verhalten zu kontrollieren, wenn es mit anderen Menschen zusammen sein will,

✓ uns selbst eine Chance zu geben, wieder die Kontrolle über unser Verhalten und unsere Gefühle zu erlangen.

Benutzen Sie die »STOP Regel« als letzte Möglichkeit, um Ihrem Kind oder sich selbst zu helfen, die Kontrolle wiederzugewinnen.

Richtlinien für die Benutzung der »STOP Regel«

Es folgen einige Punkte, wie wir die »STOP Regel« wirkungsvoll einsetzen:

1. **Wir entscheiden uns im Vorfeld für einen Ort, an dem das Kind alleine sein und sich beruhigen kann, wenn die »STOP Regel« in Kraft tritt.** An diesem Ort dürfen sich keine anderen Menschen aufhalten. Wir könnten uns für das Zimmer des Kindes entscheiden, obwohl einige Eltern deswegen Bedenken haben. Sie fürchten, dass es dazu führen wird, dass das Kind sein Zimmer nicht mehr mag. Indem wir sachlich bleiben und unsere Absicht im Auge behalten, wird die Anwendung der »STOP Regel« im Kinderzimmer nicht wie eine Strafe erscheinen. Es wird uns und unserem Kind einfach nur die Möglichkeit eines ruhigen Ortes für diese Zeit der Beruhigung geben. Wenn wir das Gefühl haben, dass das Kind sich verletzen oder etwas kaputt machen könnte, dann stellen wir den Gegenstand vorher außer Reichweite.
Einige Eltern fürchten, dass das Kind an die Türe oder die Wände treten wird. Wände und Türen können viel leichter repariert werden als Selbstbewusstsein!

2. **Wir erklären die »STOP Regel«.** Kinder müssen unsere Vorgehensweise bei der »STOP Regel« kennen. Wenn möglich, sprechen wir darüber, bevor das Problem auftritt. Wir könnten sagen: »Wenn dein Verhalten mir sagt, dass du nicht so weit bist, mit uns zusammen zu sein, dann weiß ich, dass wir die »STOP Regel« anwenden müssen.« Wir erklären, dass wir einen Wecker stellen oder ein anderes Signal benutzen. Wenn das Kind den Wecker klingeln hört, tritt die »STOP Regel« wieder außer Kraft – vorausgesetzt, das Kind ist so weit und hat sich beruhigt.

3. **Wir planen die Länge der Zeit für die »STOP Regel«.** Ein oder zwei Minuten sind viel Zeit für eine erste Anwendung der »STOP Regel«. Setzt das Kind das Fehl-

verhalten fort, dann wenden wir die »STOP Regel« nochmal an. Wir verlängern die Dauer der Anwendung um maximal eine Minute. Eine einfache Richtlinie ist, nicht mehr als eine Minute für jedes Lebensjahr des Kindes. Das bedeutet, dass die Zeit der Beruhigung für einen Dreijährigen niemals länger als drei Minuten dauern wird. Bei einem fünfjährigen Kind wird diese Zeit niemals länger als fünf Minuten sein.

Einige Kinder sind in der Lage, selbst zu entscheiden, wann sie so weit sind, wieder herauszukommen. Dann brauchen wir den Wecker nicht. Wir sagen zu unserem Kind: »Du kannst zu uns kommen, wenn du dich beruhigt hast.« Auf diese Weise wird das Kind Selbstkontrolle lernen.

4. **Wir schließen nicht die Tür ab.** Die Tür abzuschließen, kann gefährlich sein. Es kann auch dazu führen, dass das Kind sich gefangen fühlt und Angst hat. Sicherlich kann das Kind bei einer unverschlossenen Tür aus dem Zimmer kommen, bevor die Zeit abgelaufen ist. Wenn das geschieht, bringen wir das Kind freundlich, aber bestimmt in das Zimmer zurück.

5. **Wir erlauben dem Kind zu spielen.** Es ist in Ordnung, wenn das Kind spielt, während die »STOP Regel« in Kraft ist. Es zeigt, dass das Kind etwas Kontrolle zurückgewonnen hat. Wir erinnern uns daran, dass es sich um eine Zeit der Beruhigung handelt mit dem Ziel, die Selbstkontrolle wiederzuerlangen. Es geht nicht um eine Bestrafung des Kindes.

6. **Wenn die Zeit der Beruhigung abgelaufen ist, ist es vorbei.** Wir diskutieren den Vorfall nicht, der die Anwendung der »STOP Regel« notwendig gemacht hat. Das würde die Aufmerksamkeit auf das Verhalten lenken, das wir verhindern wollen.

Kinder lernen am besten, wenn sie Spaß haben.

Wie können wir Disziplinprobleme vermeiden?

Wir können nicht jedes Problemverhalten verhindern. Aber wir können es *vermindern*. Wie gelingt uns das? Indem wir uns Zeit nehmen, unseren Kindern Fertigkeiten beizubringen, die sie brauchen, um kooperieren zu können.

Wenn wir unserem Kind bestimmte Fertigkeiten beibringen wollen, vergewissern wir uns, dass das Kind interessiert ist. Wir nutzen eine Gelegenheit, die sowohl für uns als auch für das Kind angenehm ist. Wenn einer von uns müde oder gelangweilt ist, hören wir auf. Wir probieren es ein anderes Mal wieder.

Kinder lernen am besten, wenn sie Spaß haben.

BEISPIEL

Frau W. sagt zu ihrem Sohn Kai: »Lass uns ein Spiel zusammen spielen – ein Anziehspiel. Ich helfe dir, dich selbst anzuziehen.« Frau W. lässt Kai seine Sachen falsch herum anziehen. Sie schauen zusammen in den Spiegel und lachen miteinander. Frau W. sagt: »So würden wir uns anziehen, wenn wir rückwärts laufen wollten!«

Als nächstes hilft Frau W. Kai, ein Kleidungsstück – das Hemd – richtig herum anzuziehen. Kai schaut sich das im Spiegel an. Dann sagt Frau W.: »Jetzt suchst du dir aus, was du als nächstes anziehen möchtest.« Kai entscheidet sich für die Schuhe. Er zieht den Schuh am rechten Fuß an. Er schaut in den Spiegel und sagt: »O je, ich habe meine Socke vergessen.« Frau W. sagt: »Das stimmt! Was willst du jetzt machen?« Kai zieht den Schuh wieder aus und zieht seine Socke an. Als sein Fuß im Schuh stecken bleibt, zeigt ihm seine Mutter, wie er am hinteren Teil des Schuhs ziehen und so seine Ferse in den Schuh bekommen kann.

Das Ganze hat einige Zeit in Anspruch genommen. Aber Frau W. und Kai hatten Spaß miteinander. Und Kai hat vieles gelernt, an das er sich das nächste Mal erinnern wird.

Was wäre, wenn Kai sich entschließen würde, sein Hemd falsch herum zu tragen? Frau W. würde sagen: »Mir scheint, du hast beschlossen, dass es Spaß macht, das Hemd rückwärts zu tragen!« Oder sie könnte sagen: »Es macht Spaß, Blödsinn zu machen – aber heute müssen wir das Hemd richtig herum anziehen.«

Disziplin auszuüben bedeutet Selbstdisziplin beizubringen

Unser Kind lernt viele Fertigkeiten. Auch wir lernen. Sinnvolle Disziplin anzuwenden und dadurch unser Ziel zu erreichen braucht Zeit. Beide brauchen Zeit, sowohl wir als auch unser Kind. Wir erinnern uns an das Ziel von Disziplin: unserem Kind *Selbstdisziplin* beizubringen.

Wir sind geduldig. Wir stellen realistische Erwartungen an uns selbst. Wir bleiben respektvoll. Unser Kind wird den Respekt bemerken, den wir sowohl für das Kind als auch für uns selbst haben.

STEP ERMUTIGUNG

Ihre Wertvorstellungen und Überzeugungen beeinflussen Ihr Kind. Sie glauben, dass Ihr Kind Respekt verdient und viele Fähigkeiten besitzt. Teilen Sie das Ihrem Kind mit! Indem Sie das tun, wird sich Ihr Kind respektiert und fähig fühlen. Es ist dann wahrscheinlich, dass Ihr Kind sich respektvoller und seinen Fähigkeiten entsprechend verhält.

Um Ihr Kind wissen zu lassen, dass Sie an es glauben:

✓ Konzentrieren Sie sich auf die Interessen Ihres Kindes.

✓ Kooperieren Sie mit Ihrem Kind, statt mit ihm in Wettstreit zu treten.

✓ Sprechen Sie respektvoll mit Ihrem Kind.

✓ Bemerken und beachten Sie die besonderen Talente und Eigenschaften Ihres Kindes.

✓ Schätzen Sie das Einzigartige an Ihrem Kind.

Nutzen Sie alle Gelegenheiten, Ihr Kind wissen zu lassen, dass Sie an es glauben.

AUFGABE DER WOCHE

Wenden Sie sinnvolle Disziplin so an, wie Sie es im Kapitel 6 gelernt haben. Wenn Sie das tun, denken Sie an das Alter und den Entwicklungsstand Ihres Kindes. Schreiben Sie besondere Vorkommnisse auf. Stellen Sie fest, welche Vorgehensweisen am wirkungsvollsten waren.

183

NUR FÜR SIE

DIE RECHTE VON ELTERN UND KINDERN

Eltern und Kinder haben Rechte. Ihr Leben auf Ihre Kinder zu konzentrieren, ist weder für Sie noch für Ihre Kinder fair.

Als Eltern haben Sie das Recht auf:

✓ Freundschaften;

✓ Privatsphäre;

✓ Zeit für sich selbst;

✓ Respekt vor Ihrem Eigentum;

✓ Ein Leben auch ohne Beteiligung der Kinder.

Ihr Kind hat ein Recht auf:

✓ ein sicheres und liebevolles Zuhause;

✓ Freundschaften außerhalb der Familie;

✓ Privatsphäre;

✓ Respekt vor seinem Eigentum.

All diese Rechte können mit dem Wort »Respekt« zusammengefasst werden.

Achten Sie in dieser Woche darauf, dass Ihre Rechte eingehalten werden. Was können Sie tun, um Respekt für die Rechte Ihres Kindes zu zeigen?

Zusammenfassung

1. Disziplin ausüben und Strafen sind nicht das Gleiche.

2. Berücksichtigen Sie das Alter und den Entwicklungsstand Ihres Kindes, wenn Sie sich entscheiden, auf
welche Weise sie Disziplin ausüben.

3. Wählen Sie unter folgenden Möglichkeiten aus:
D enken Sie sich etwas aus und lenken Sie das Kind ab.
I gnorieren Sie das Fehlverhalten.
S trukturieren Sie die Umgebung.
Z eigen Sie Ihrem Kind, dass Sie die Situation, nicht
das Kind kontrollieren: Setzen Sie Grenzen, geben
Sie dem Kind Wahlmöglichkeiten innerhalb dieser
Grenzen.
I mmer dann, wenn angemessen, beziehen Sie das
Kind in den Prozess mit ein: Lassen Sie Konsequen-
zen folgen.
P lanen Sie Zeit ein, um Ihrem Kind zu zeigen, dass
Sie es lieb haben.
L assen Sie Ihr Kind los.
I mmer konsequenter und berechenbarer werden.
N icht vergessen: Bemerken Sie positives Verhalten.

 Wenden Sie die »STOP Regel« an – dadurch
geben Sie Ihrem Kind die Chance, sich zu
beruhigen und die Selbstkontrolle wiederzuerlangen.

4. Statt Befehle zu erteilen, setzen Sie Grenzen und geben
Wahlmöglichkeiten. Grenzen geben Ihnen eine gewisse
Kontrolle. Wahlmöglichkeiten geben Ihrem Kind eine
gewisse Kontrolle.

5. Eine Konsequenz ist die Folge der Entscheidung Ihres
Kindes.

Konsequenzen

- ermöglichen es Ihnen, Respekt für sich und Ihr Kind zu zeigen,
- passen zum Fehlverhalten,
- werden eingesetzt, weil das Kind eine schlechte Entscheidung getroffen hat, nicht weil das Kind »böse« ist,
- beziehen sich auf die Gegenwart, nicht auf die Vergangenheit,
- sind freundlich *und* bestimmt.

6. Es folgen einige Richtlinien für die Benutzung von Konsequenzen:

- Akzeptieren und respektieren Sie die Entscheidung Ihres Kindes.
- Verlängern Sie bei wiederholtem Fehlverhalten den Zeitraum, den die Konsequenz in Anspruch nimmt.
- Benutzen Sie respektvolle Worte.
- Sprechen Sie weniger, handeln Sie mehr.
- Sagen Sie es deutlich, wenn es keine Wahlmöglichkeit gibt.
- Bleiben sie ruhig.

7. Ihr Kind braucht jeden Tag eine besondere Zeit nur mit Ihnen zusammen. Das ist gut für Ihre Beziehung und es kann helfen, Verhaltensprobleme zu verhindern.

8. Benutzen Sie die »STOP Regel« als letzte Möglichkeit, wenn andere Methoden versagt haben. Der Zweck der »STOP Regel« ist es, sowohl Ihrem Kind als auch Ihnen zu helfen, die Selbstkontrolle wiederzuerlangen.

9. Um Ihrem Kind Fertigkeiten beizubringen, wählen Sie eine Gelegenheit, bei der Sie beide entspannt sind. Viel Spaß dabei!

Tabelle 6

Der Gebrauch logischer Konsequenzen[1]

Babys	Bei Babys nehmen Sie an, dass störendes Verhalten kein Fehlverhalten ist. Prüfen Sie, ob das Baby hungrig, müde oder krank ist oder seine Windel voll ist. Verstehen Sie die Bedürfnisse und Fähigkeiten des Babys. Stellen Sie einen sicheren Ort zur Verfügung, an dem das Baby aktiv sein kann. Sobald das Baby sich umdrehen kann, sind Kindersicherungen erforderlich.
Klein- und Vorschulkinder	Auch für diese Kinder ist es wichtig, dass sie sich mit ihren Händen betätigen können. Kindersicherungen werden noch immer benötigt. Geben Sie Wahlmöglichkeiten innerhalb von Grenzen. Wenn die Kinder die Grenze überschreiten, lassen Sie Konsequenzen folgen.

Was macht das Kind?	Was können Sie tun? (Beispiele für logische Konsequenzen)
Kommt nicht zum Essen, wenn es gerufen wird.	**Kleinkind:** Bleiben Sie sachlich. Bringen Sie das Kind an den Tisch. Wenn das Kind einen Wutanfall hat, bringen Sie es an einen sicheren Ort (z.B. das Kinderzimmer). Geben Sie dem Kind nichts zu essen bis zur nächsten regulären Mahlzeit. **Vorschulkind:** Treffen Sie mit dem Kind folgende Vereinbarung: 10 Minuten vor der Essenszeit klingelt der Wecker, 10 Minuten später rufen Sie das Kind zu Tisch. Wenn es nicht erscheint, verpasst es diese Mahlzeit und bekommt erst zur nächsten Mahlzeit wieder etwas zu essen.

1 Adaptiert nach Jerrold. I. Gilbert: »Logical Consequences: A New Classification«, *Individual Psychology* 42 (Juni 1986): S. 243–54.

Was macht das Kind?	Was können Sie tun? (Beispiele für logische Konsequenzen)
Räumt Spielsachen nicht auf.	Verzögern Sie die nächste Aktivität, bis die Spielsachen aufgeräumt sind. Helfen Sie oder schlagen Sie vor, dass verschiedene Arten von Spielzeug nacheinander weggeräumt werden. Schritt für Schritt. Je jünger das Kind, desto kleiner sollte jeder Schritt sein.
Fordert unangebrachte Aufmerksamkeit.	Ignorieren Sie das Fehlverhalten oder verlassen Sie den Raum.
Bringt Unruhe in die Spielgruppe.	Veranlassen Sie, dass das Kind den Bereich verlässt.
Ist nicht sorgfältig im Umgang mit Gegenständen.	Zeigen Sie ihm den sachgerechten Gebrauch. Wenn das Kind wieder nicht sorgfältig damit umgeht, verweigern Sie den Gebrauch für eine Weile.
Verliert oder zerstört eigene Spielsachen.	Vergewissern Sie sich, dass das Spielzeug für das Alter des Kindes geeignet ist. Leiten Sie das Kind an, die Spielsachen wegzuräumen. Zeigen Sie, wie das Spielzeug benutzt wird. Wenn das Kind verstanden hat und das Spielzeug trotzdem kaputt macht, ersetzen Sie das Spielzeug nicht.

Was macht das Kind?	Was können Sie tun? (Beispiele für logische Konsequenzen)
Zeigt Fehlverhalten in einem Geschäft oder an einem anderen öffentlichen Ort.	Verlassen Sie mit dem Kind das Geschäft oder nehmen Sie das Kind beim nächsten Einkauf nicht mit.
Isst unsauber, wenn es nicht am Tisch sitzt.	**Kleinkind:** Kleinkinder können nicht anders als unsauber essen. Vermeiden Sie Ärger, indem Sie dem Kind nur erlauben, am Tisch zu essen. **Vorschulkind:** Wenn das Kind unsauber isst, erlauben Sie ihm nur, am Tisch zu essen.
Füttert das Haustier nicht.	**Kleinkind:** Ist zu jung, um sich daran jeden Tag zu erinnern. Sagen Sie es dem Kind jedes Mal, wenn das Haustier gefüttert werden muss. Wenn das Kind nicht kooperiert, geben Sie dem Kind etwas zu essen erst dann, wenn das Kind mit Ihnen gemeinsam das Haustier gefüttert hat. **Vorschulkind:** Vielleicht muss das Kind ab und zu daran erinnert werden. Wenn das Kind nicht kooperiert, geben Sie dem Kind erst dann zu essen, wenn es das Haustier gefüttert hat.
Fordert Hilfe.	Warten Sie, bis das Kind respektvoll fragt. Wenn das Kind einen Wutanfall hat, helfen Sie dem Kind, sich zu beruhigen, dann sprechen Sie über die Situation.

7
Die emotionale und soziale Entwicklung von kleinen Kindern

In diesem Kapitel werden Sie Folgendes lernen:

☞ Ihr Kind kann lernen, Gefühle auf angemessene Art und Weise mitzuteilen.

☞ Sie können Grenzen setzen und zu Selbstständigkeit ermutigen.

☞ Sie können sich und Ihrem Kind helfen, den Mut zu entwickeln, Herausforderungen zu begegnen.

Ein kleines Kind entwickelt sich in vieler Hinsicht. Sein Körper wächst. Eine gesunde Ernährung und Ruhe ebenso wie physische Aktivität helfen ihm dabei. Auch sein Denkvermögen entwickelt sich. Es lernt durch Aktivitäten, die seinem Alter, seinen Interessen und Fähigkeiten entsprechen. Es entwickelt sich auch hinsichtlich der beiden folgenden wichtigen Aspekte:

emotional – in Bezug auf seine Gefühle und wie es damit umgeht,

sozial – in der Art, wie es mit anderen Menschen umgeht.

Unser Kind braucht unsere Hilfe, um sich emotional und sozial zu entwickeln. In diesem Kapitel lernen wir, wie wir unserem Kind dabei helfen können. Eine unserer wichtigsten Aufgaben dabei ist es, Einfühlungsvermögen zu zeigen. Das bedeutet, dass wir die Gefühle unseres Kindes wahrnehmen, verstehen und akzeptieren. Indem wir Einfühlungsvermögen zeigen, bringen wir unserem Kind bei, andere zu akzeptieren. Wir unterstützen unser Kind in seiner emotionalen und sozialen Entwicklung, indem wir ihm beibringen,

✓ die Perspektive eines anderen Menschen sehen zu können,

✓ die Gefühle anderer Menschen zu berücksichtigen,

✓ anderen Menschen zuzuhören.

Wir verstehen die emotionale Entwicklung unseres Kindes

Kinder entwickeln sich emotional in unterschiedlichem Tempo. Es ist möglich, dass Kinder während dieser Entwicklung mit Gefühlen unterschiedlich umgehen.

BEISPIEL

Karina ist drei. Heute ist sie glücklich und zeigt Selbstvertrauen. Sie kommt mit ihrem Vater, Herrn R., vom Park zurück. Der Hund eines Nachbarn bellt und läuft auf sie zu, um sie zu begrüßen. Karina sagt zu ihrem Vater: »Der Hund beißt nicht.«

Am nächsten Tag geht es Karina nicht so gut. Sie ist nicht gut gelaunt und unsicher. Sie nimmt mit ihrem Vater den gleichen Weg zurück nach Hause. Diesmal fürchtet sie sich, als der Hund auf sie zukommt. Sie klammert sich an ihren Vater. Er sagt: »Schon gut, Karina. Du hast jetzt ein bisschen Angst. Aber der Hund möchte nur Hallo sagen.«

Wie wir unserem Kind helfen können, Gefühle mitzuteilen

Wir können unserem Kind helfen, auf angemessene Weise Gefühle mitzuteilen.

Wir teilen unsere eigenen Gefühle mit. Wir erinnern uns daran, wie wichtig es ist, was wir tun und sagen. Wir zeigen unsere Gefühle so, wie wir gerne möchten, dass unser Kind seine Gefühle zeigt. Wenn wir glücklich sind, lächeln wir und sagen, dass wir glücklich sind. Wenn wir möchten, dass unser Kind mit Zorn und Wut umgehen kann, ohne zu explodieren, dann zeigen wir ihm, wie wir mit unserer Wut umgehen. Wir sind Vorbild für unser Kind.

Wir hören zu und reden über unsere Gefühle. Wir sind uns der Gefühle unseres Kindes bewusst. Wir zeigen deutlich, dass wir sie wahrnehmen und verstehen: »Der Donner ist sehr laut. Es klingt furchterregend.« Es folgen weitere Möglichkeiten, Verständnis zu zeigen:

- ✓ **Wir hören aktiv zu.** Zum Beispiel: »Du bist glücklich!« »Du klingst ganz durcheinander.« »Du scheinst verunsichert zu sein.«
- ✓ **Wir erkennen die Einzigartigkeit unseres Kindes.** Zum Beispiel: »Du singst gerne, wenn du mit deinen Bausteinen spielst.«
- ✓ **Wir leisten unseren Beitrag für eine gute Beziehung zu unserem Kind.** Wenn wir zum Beispiel wütend gewesen sind, könnten wir sagen: »Es tut mir Leid, dass ich so wütend geworden bin.«
- ✓ **Wir helfen unserem Kind zu verstehen, dass es normal ist, durcheinander zu sein.** Es ist in Ordnung,

193

auf jemanden wütend zu sein, den wir gerne haben. »Du spielst manchmal gerne mit deinem Bruder, aber nicht, wenn er dich haut.«

Wir spielen mit unserem Kind. Beim Spiel haben wir Gelegenheit, über Gefühle zu sprechen, die das Kind vielleicht vermeidet. Wir können Puppen, Marionetten oder Stofftiere dazu verwenden, um Gefühlen Ausdruck zu verleihen.

BEISPIEL
Die Großmutter der vierjährigen Annika ist gestorben. Ihre Mutter, Frau S., ist sehr traurig. Im Laufe der folgenden Wochen benimmt sich Annika immer öfter daneben. Eines Nachmittags bittet ihr Vater sie, ihre Puppen zu holen, damit sie miteinander spielen können. »Ich frage mich, ob deine Puppe eine Großmutter hat«, sagt er zu Annika. »Die Großmutter von der Puppe ist gestorben«, erwidert Annika.
Beim Spielen erzählt Annika ihrem Vater, dass ihre Puppe sehr traurig ist, weil ihre Mama so viel weint. Der Vater erfährt dabei auch, dass die Puppe gedacht hat, dass ihre Mama sie vergessen hat. Durch das Spiel weiß der Vater jetzt, wie Annika sich fühlt. Er hat ihr geholfen, über ihre Gefühle zu sprechen und sie zu verstehen.

Wir setzen angemessene Grenzen. Selbst wenn wir Verständnis zeigen, müssen wir Grenzen setzen: »Max, ich sehe, dass du wütend bist, weil Paul dein Spielzeug kaputt gemacht hat. Trotzdem schlagen wir andere nicht. Komm und spiele hier drüben, bis du nicht mehr so wütend bist.« Paul darf mit dem Spielzeug von Max heute nicht mehr spielen. Am nächsten Tag dürfen Paul (5) und Max (4) wieder zusammen spielen.

Wir erlauben dem Kind Lieblingsobjekte, die Trost spenden. Sich auf bestimmte Lieblingsobjekte zu stützen, ist eine Möglichkeit für Babys und kleine Kinder, mit ihren Gefühlen umzugehen. Sie benutzen ein Stofftier, eine besondere Decke oder ein Tuch, um sich zu trösten, wenn sie müde sind oder sich fürchten. Sich in diesem Augenblick einer Puppe, einem Teddybären oder einem Tuch zuzuwenden, kann unserem Kind helfen, später anderen Menschen gegenüber empathisch zu sein.

Beim Spielen bieten sich Möglichkeiten, über Gefühle zu sprechen.

Gefühle und Fehlverhalten

Auch wenn kleine Kinder älter werden, haben sie das Bedürfnis, dass wir ihre Gefühle verstehen. Mit jedem Jahr wird es wahrscheinlicher, dass sie zuweilen Gefühle benutzen, um Aufmerksamkeit zu bekommen oder Macht auszuüben. Wir achten darauf, dass uns dies nicht entgeht und setzen Grenzen – freundlich und bestimmt.

BEISPIEL
Max ist vier Jahre alt. Er möchte gerne ein Stück Kuchen haben. Sein Vater, Herr Z., weiß, dass Max sein Mittagessen und gerade erst einen Schokoriegel gegessen hat. Bald wird es Abendessen geben, deshalb sagt Herr Z.: »Es gibt bald Abendbrot.« Max jammert: »Ich bin aber hungrig.« Dann schreit er: »Ich will jetzt ein Stück Kuchen!« Er hat einen Wutausbruch. Schließlich hat Herr Z. genug und schickt ihn mit barschem Ton auf sein Zimmer.

Es geht um mehr als um den Kuchen. Das Ziel ist Macht. Max setzt extreme Gefühle ein – einen Wutausbruch –, um sein Ziel zu erreichen. Die Reaktion von Herrn Z. hat das Fehlverhalten, das er ändern wollte, noch verstärkt!

Zu wissen, dass das Ziel Macht ist, kann dem Vater helfen. Er kann sich entschließen, aus dem Machtkampf auszusteigen. Er kann das Jammern und das Geschreie von Max ignorieren. Wenn er Max schließlich aus dem Zimmer haben möchte, kann er dabei ruhig und sachlich vorgehen:

195

»Ich sehe, du hast dich entschieden, nicht in der Küche zu bleiben, Max. Du kannst gerne wieder hierher zurückkommen, wenn du dich beruhigt hast und bis zum Abendbrot warten kannst.«

Emotionale Herausforderungen

Wenn es um die Gefühle unseres Kindes geht, sehen wir uns vielen emotionalen Herausforderungen gegenüber. Im Folgenden betrachten wir einige der Herausforderungen, denen Eltern mit kleinen Kindern am häufigsten begegnen.

Weinen

Wir möchten weinende Kinder trösten. Gleichzeitig müssen wir uns darüber im Klaren sein, dass Tränen und Weinen zu mächtigen Waffen werden können. Kleinen Kindern fällt es schwer, Gefühle in Worte zu fassen. Deshalb verleihen sie manchen Gefühlen durch Weinen Ausdruck. Kinder können lernen, Weinen zu benutzen, um Aufmerksamkeit zu bekommen oder um die Eltern in einen Machtkampf hineinzuziehen. Manchmal gelingt es dem Kind, die Eltern mit Weinen in eine »Falle« zu locken. Vielleicht geben die Eltern den Forderungen des Kindes nach oder sie werden wütend und schreien oder schlagen. Vielleicht fühlen sie sich sogar schuldig.

> BEISPIEL
>
> Patrizia ist drei. Sie mag es, wenn ihre Stiefmutter, Frau H., mit ihr zusammen mit Bausteinen spielt. Seit kurzem weint sie, wenn es Zeit ist, die Bausteine wegzuräumen, um ins Bett zu gehen. Sie schreit: »Nein – ich will noch spielen!« Frau H. ist verärgert. Sie fühlt sich außerdem schuldig. Sie arbeitet den ganzen Tag und kann deshalb nicht viel Zeit mit Patrizia verbringen. Länger mit ihr zu spielen führt dazu, dass Patrizia aufhört zu weinen – aber nur, bis Frau H. wieder sagt, dass es Zeit ist aufzuräumen.

Patrizia hat einen verlässlichen Weg gefunden, Aufmerksamkeit von ihrer Stiefmutter zu bekommen. Auf diese Weise Macht ausüben zu dürfen, hilft Patrizia allerdings nicht zu lernen, mit ihren Gefühlen umzugehen. Stattdessen kann Patrizias Stiefmutter sagen: »Du bist sauer/Es gefällt dir gar nicht, dass wir jetzt aufhören müssen. Aber es ist Schlafenszeit.« Dann kann sie Patrizia ohne viel Aufhebens helfen, die Bausteine wegzuräumen und sich für die Nacht fertig zu machen. Frau H. kann auch Möglichkeiten finden, Patrizias Wunsch, Macht auszuüben, auf positive Weise entgegenzukommen. So könnte sie Patrizia bitten, ihr beim Tischdecken zu helfen. Sie könnte Patrizia Beachtung schenken, wenn sie ihrem kleinen Bruder etwas »vorliest«.

Weinen bedeutet jedoch nicht immer, dass es sich um ein Fehlverhalten handelt.

Woher wissen wir, womit wir es zu tun haben? Wir schauen uns die Situation genau an. Wir erkennen, ob es sich um ein Bedürfnis des Kindes handelt. Wir beachten unsere eigenen Gefühle und Reaktionen. Indem wir das tun, können wir vermeiden, dass unser Klein- bzw. Vorschulkind Weinen zum Erreichen negativer Ziele einsetzt.

Manchmal kann es sich um Fehlverhalten handeln, wenn unser Kind weint.

Traurigkeit

Genauso wie Weinen können ältere Klein- und Vorschulkinder manchmal Traurigkeit benutzen, um Aufmerksamkeit zu erlangen oder um Macht zu demonstrieren. Die Unterlippe wird nach vorne geschoben, der Kopf gesenkt. Gewöhnlich erkennen wir, wenn das Kind schmollt, um besondere Aufmerksamkeit zu bekommen.

Öfter jedoch kann Traurigkeit bei einem Kind als Hilferuf gesehen werden.

Solche Hilferufe dürfen nicht ignoriert werden. Traurigkeit ist die Reaktion auf einen Verlust – den Verlust eines Freundes, den Tod eines Haustieres. Sie kann jeden Tag bei größeren Enttäuschungen eintreten. Wir helfen unserem Kind, über seine Erfahrung zu sprechen. Wir achten auf die Gefühle des Kindes und hören aktiv zu. Wir lassen unser Kind wissen, dass wir es hören und verstehen.

Wir teilen unseren eigenen Kummer mit

Trauer, Kummer und Verluste sind Teil unseres Lebens. Wenn jemand, der uns nahe steht, stirbt, möchten wir uns vielleicht am liebsten von unserem Kind zurückziehen, um alleine zu sein. Das ist natürlich. Es ist jedoch wichtig, dass wir tun, was wir können, um unserem Kind unsere Gefühle mitzuteilen. Es hilft dem Kind, Gefühle der Trauer wahrzunehmen und auf diese Weise etwas über den Tod zu erfahren.

Wenn es uns nicht möglich ist, unsere Gefühle mitzuteilen, dann bitten wir einen anderen Erwachsenen, mit dem Kind zu sprechen und ihm zuzuhören.

Wenn ein Elternteil, Großeltern oder Verwandte sterben, teilen wir unsere Gefühle unserem Kind mit. Wir sind offen. Das hilft uns *und* unserem Kind.

Nach einiger Zeit, wenn es so weit ist, sind wir bereit, uns von der Traurigkeit abzuwenden. Dann können wir uns zusammen mit unserem Kind an glückliche Zeiten mit dem/r Verstorbenen erinnern.

Wir achten auf Anzeichen, die auf eine Depression hinweisen

Wenn ein Kind traurig ist und weint, ist das gewöhnlich eine gesunde emotionale Reaktion. Manchmal jedoch verdeckt Traurigkeit andere Gefühle.

Einsamkeit, Wut, Zorn oder Depression könnten an der Oberfläche als Traurigkeit sichtbar werden. Deshalb ist es wichtig festzustellen, weshalb das Kind traurig ist.

Folgende Anzeichen könnten auf ein deprimiertes Kind hinweisen:

1. Mangel an Energie
2. Rückzug
3. Gefühle der Hoffnungslosigkeit
4. Kein Versuch, Gefühlen Ausdruck zu verleihen

Wir helfen, wenn sich unser Kind traurig fühlt

Was können wir tun, wenn unser Kind traurig oder deprimiert ist?

1. Einfühlungsvermögen zeigen. Wir spielen die Gefühle nicht herunter. Wir ignorieren sie nicht. Wir hören zu und verstehen. Das wird dem Kind helfen, seine Gefühle zu verstehen.
2. Das Kind ermutigen. Wir finden Möglichkeiten, für das Kind etwas zu tun, das ihm Freude macht und ihm die Chance gibt, erfolgreich zu sein. Wir erkennen und konzentrieren uns auf jedwedes positive Verhalten.
3. Fürsorge zeigen und Unterstützung zuteil werden lassen. Wir suchen nicht nach tief schürfenden Erklärungen. Wir helfen unserem Kind, sich beschützt und fürsorglich behandelt zu fühlen.

Wenn ein Kind lange Zeit traurig ist, brauchen wir die Hilfe eines Spezialisten – wir sprechen mit unserem Kinderarzt, mit einem psychologischen Berater oder Therapeuten.

Eifersucht

Eifersucht ist oft besonders stark und ausgeprägt bei Kindern zwischen 18 Monaten und dreieinhalb Jahren. Wir können Eifersucht bei Kindern nicht total abschaffen. Aber wir können helfen, damit die Eifersucht weniger intensiv ist. Wie gelingt uns das? Indem wir Kindern helfen, eifersüchtige Gefühle zu verstehen:

✓ »Bist du wütend, weil Papa jetzt das Baby füttern muss?«

✓ »Du scheinst traurig zu sein, wenn Benjamin in die Schule geht und du nicht.«

Wenn ein neugeborenes Baby dazugekommen ist

Es folgen einige Ideen, wie wir mit der Eifersucht unseres Kindes wegen eines Neugeborenen umgehen können:

- Wir lassen das Kind frühzeitig wissen, dass ein neues Schwesterchen oder Brüderchen unterwegs ist.
- Wir verbringen speziell Zeit mit dem Klein- bzw. Vorschulkind. Das Baby nimmt zwar den größten Teil unserer Zeit in Anspruch, aber das ältere Kind braucht trotzdem auch unsere Zeit und Aufmerksamkeit.
- Wir lassen das ältere Kind beim Versorgen des Babys helfen. Ein kleines Kind kann Windeln bringen und helfen, das Baby zu füttern.
- Wir lassen ein eifersüchtiges Kleinkind nicht mit einem neugeborenen Baby allein. Denn es könnte das Baby zu fest drücken, eventuell verletzen oder schlagen.
- Möglicherweise entscheidet sich ein eifersüchtiges Kind, selbst wieder zum Baby zu werden. Das Kind lutscht vielleicht verstärkt am Daumen, spricht Babysprache, ist schlecht gelaunt, stellt Forderungen oder hängt sich an uns. Wiederholtes Versichern von uns kann helfen, wenn ein Kind eifersüchtig auf ein Neugeborenes ist.
- Wir haben realistische Erwartungen. Ein Neugeborenes zu haben, bedeutet nicht, dass unser Klein- bzw. Vorschulkind nun kein kleines Kind mehr ist.

**Bitten Sie das ältere Kind,
Ihnen mit dem Baby zur Hand zu gehen.**

Furcht und Ängste

Oft äußern Kinder ihre Ängste, um uns wissen zu lassen, dass sie Hilfe brauchen.

T. Berry Brazelton, ein bekannter amerikanischer Kinderarzt, macht folgende Vorschläge:

✓ Akzeptieren Sie Ängste als normal.

✓ Verstehen Sie, weshalb Ihr Kind Angst hat.

✓ Setzen Sie Grenzen und halten Sie sich daran.

✓ Helfen Sie Ihrem Kind, seine Gefühle angemessen in Aktivitäten zum Ausdruck zu bringen.

Schauen wir uns die Vorschläge genauer an.

Wir akzeptieren Ängste als normal. Wenn wir übertrieben auf die Ängste unseres Kindes reagieren, werden sie wahrscheinlich größer werden. Unser Kind könnte noch ängstlicher werden. Stattdessen bleiben wir sachlich: »Ich weiß, dass der Staubsauger sich furchterregend anhört. Er wird dir aber nichts tun, und er hilft mir, den Teppich sauber zu machen.«

Wir verstehen, weshalb unser Kind Angst hat. Angst macht es unserem Kind vielleicht möglich, die Situation zu kontrollieren, sich zurückzuziehen oder nicht teilzunehmen. Ein Vorschulkind benutzt Angst vielleicht, um Aufmerksamkeit oder Macht zu bekommen. Manchmal kann Angst auch ein Zeichen dafür sein, dass unser Kind aggressiv reagieren wird – dass unser Kind vielleicht schubsen, stoßen, schlagen oder jemanden verletzen wird. Wir versichern unserem Kind, dass es positive Wege gibt, stark zu sein und die Kontrolle zu haben. Eine Möglichkeit besteht darin zu lernen, Gefühle verbal auszudrücken.

BEISPIEL
Frau R. und ihr Sohn Daniel fahren mit dem Bus. Sie sind auf dem Weg zum ersten Tag im Vorschulkindergarten.

Daniel runzelt die Stirn und tritt gegen den Sitz vor ihm. Frau R. sagt: »Ich glaube, du bist nervös, weil du heute zum ersten Mal in den Kindergarten gehst. Es hilft aber nicht, den Sitz zu treten. Warum erzählst du mir nicht, woran du denkst, wenn du gegen den Sitz trittst.«

Daniel erwidert: »Ich will nicht hin. Ich will mit meinem Lastwagen im Sandkasten spielen.« Frau R. entgegnet: »Es gibt einen schönen Sandkasten im Kindergarten, und du kannst mit den anderen Kindern darin spielen. Wird dir das nicht Spaß machen?« »Ich will nicht gehen«, sagt Daniel. »Jeder fühlt sich manchmal unwohl, wenn er irgendwo neu anfängt.«, antwortet Frau R. »Ich frage mich, ob sich einige der anderen Kinder auch unwohl fühlen?«

Wir setzen Grenzen und halten uns daran. Wenn unser Kind Angst hat, dann ändern wir nicht deswegen unsere Grenzen. Indem das Kind die Grenzen akzeptiert, wird es lernen, Mut zu entwickeln. Mut ist die positive Alternative – die Kehrseite – zur Angst. Es gibt viele Möglichkeiten, unserem Kind zu helfen, die Angst zu überwinden oder zu vermindern.

BEISPIEL

Nils ist vier. Er hat Angst vor der Dunkelheit. Er weigert sich, zu Bett zu gehen. Seine Eltern sind bestürzt darüber. Sie haben die Grenzen, die sie aufgestellt hatten, geändert. Sie erlauben Nils jetzt, jede Nacht bei ihnen zu schlafen.

Nils Eltern helfen ihrem Sohn nicht, mit seiner Angst umzugehen. Er schläft wahrscheinlich gut im Bett der Eltern. Aber es wird dadurch verhindert, dass er Mut oder Selbstvertrauen aufbaut. Wie können Nils' Eltern ihm helfen, seine Angst zu überwinden oder zu vermindern?

- Sie könnten ihm erlauben, in seinem Zimmer ein Licht brennen zu lassen, wenn er zu Bett geht.
- Sie könnten das Zimmer durchsuchen, bevor er zu Bett geht. Sie könnten sich gemeinsam vergewissern, dass es keine »Monster« im Schrank oder unterm Bett gibt.

- Sie könnten ihm vorschlagen, mit einem speziellen Spielzeug zu schlafen, damit er nicht alleine im Bett liegen muss.
- Sie könnten dem Kind tagsüber verstärkt ein Gefühl der Geborgenheit geben, um so seine emotionale Selbstständigkeit zu fördern.

Sollten die Ängste längere Zeit auftreten, können die Eltern auch mit Nils sprechen. Sie können herausfinden, warum er Angst hat. Sie können ihm helfen zu entscheiden, ob seine Ängste etwas mit der Wirklichkeit zu tun haben. Es braucht Zeit und Geduld, Kindern zu helfen herauszufinden, was tatsächlich existiert und was nicht.

Wir helfen unserem Kind, seine Gefühle in Aktivitäten zum Ausdruck zu bringen. Wir lassen unser Kind wissen, wie wir, Familienmitglieder und Freunde, mit unseren Gefühlen umgehen. Wir regen unser Kind dazu an, Sport zu treiben, Spiele zu spielen, Musik zu machen, zu malen und zu anderen Aktivitäten, die dem Kind helfen können, seine Gefühle auszudrücken.

Ängste sind normal. Bringen Sie Ihrem Kind bei, mit ihnen umzugehen.

Verbreitete Ängste

Zwei der häufigsten Ängste sind die vor Tieren und Alpträume.

Angst vor Tieren. Kinder können einige ihrer Ängste hinsichtlich Tieren überwinden, indem sie mit Tieren leben bzw. sie um sich haben. Unser Kind muss lernen, mit Haustieren sorgsam umzugehen. Wir begleiten unser Kind in den Zoo, damit es dort verschiedene Tiere sehen kann. Wir können unserem Kind außerdem dadurch helfen, mehr über Tiere zu lernen, indem wir zusammen Bücher über sie lesen. Wir gehen langsam vor. Wenn wir das Kind zu Nähe zwingen, wenn es noch nicht so weit ist, helfen wir ihm damit nicht, die Angst zu überwinden.

Alpträume. Häufige Alpträume könnten ein Zeichen dafür sein, dass sich das Kind wegen etwas Sorgen macht. Eine Nachtlampe oder dem Kind zuzuhören, wenn es von dem Traum erzählt, könnte hilfreich sein.

Ängste der Eltern

Kinder heranwachsen zu sehen, erzeugt manchmal entsprechende Ängste bei den Eltern. Vielleicht fühlen sie sich ängstlich, wenn die Kinder ihre Umgebung erforschen. Aber ein Kind kann kein Baby bleiben. Eltern müssen die Entwicklung ihrer Kinder fördern, nicht behindern.

Wir werden unsere Kinder noch viele Jahre zu Unabhängigkeit und Selbstständigkeit ermutigen und gleichzeitig Grenzen setzen. Es ist wichtig, beides zu tun. Während wir unser Kind ermutigen, zu wachsen und zu gedeihen, werden wir zunehmend erkennen, wie das Kind an Reife, Selbstständigkeit und Unabhängigkeit gewinnt. Es hilft uns als Eltern *und* unserem Kind, Sicherheit zu gewinnen und selbstbewusster zu werden.

**Wutanfälle sind schlimm,
sowohl für die Eltern als auch für die Kinder.**

Wutanfälle

Wutanfälle sind eine der unangenehmsten emotionalen Verhaltensweisen unseres Kindes. Bei Wutanfällen fühlen sich die Eltern möglicherweise wütend, außer Kontrolle bzw. hilflos und verlegen.

Es gibt zwei Arten von Wutanfällen:

1. Wutanfälle aus Frustration,
2. Wutanfälle, bei denen es um Macht geht.

Wir können auf unterschiedliche Art reagieren.

Wutanfälle aus Frustration

Einem kleinen Kind ist es oft nicht möglich, seine Gefühle in Worten auszudrücken, oder das Kind findet vielleicht eine Aufgabe zu schwer. Aus dem Gefühl des Unvermögens und des Zorns heraus reagiert das Kind mit einem Wutanfall.

Bei dieser Art von Wutanfall ist es am besten, das Kind schreien zu lassen. Es ist sogar so, dass der Versuch, das Kind zu bremsen, die Sache noch schlimmer macht. Wenn der Wutanfall vorüber ist, halten wir das Kind im Arm und trösten es: »Es ist schwer, wenn du so gerne etwas machen möchtest und es noch nicht kannst. Eines Tages wirst du es können.«

Wutanfälle, bei denen es um Macht geht

Manchmal hat das Kind einen Wutanfall, weil es Macht ausüben möchte. In diesem Fall versucht das Kind, seine Eltern zum Nachgeben zu zwingen. Auch Rache könnte das Ziel eines Wutanfalls sein. Was können wir tun, wenn unser Kind eines dieser Ziele anstrebt?

✓ **Wir ignorieren den Wutanfall.** Es ist am besten, diese Art Wutanfall zu ignorieren. Wenn es möglich ist, verlassen wir den Raum. Wir versuchen nicht, das Kind zu trösten oder mit ihm zu reden. Wir könnten damit das Verhalten verstärken.

✓ **Wir gewähren dem Kind eine Pause zur Beruhigung (»STOP Regel«).** Wenn es nicht möglich ist, das Verhalten zu ignorieren, geben wir unserem Kind durch diese

205

Pause die Chance, sich zu beruhigen, um die Selbstkontrolle wiederzuerlangen. Später, wenn sich das Kind beruhigt hat, sprechen wir über die Gefühle: »Du bist sehr wütend gewesen.«

✓ **Wir geben Wahlmöglichkeiten.** Wenn Ignorieren das Fehlverhalten verstärken würde, bieten wir Alternativen an.

BEISPIEL

Stella ist zwei. Sie hat gerade damit angefangen, Wutanfälle zu haben, um nicht ins Bett gehen zu müssen. Wenn ihre Eltern den Raum verlassen und den Wutanfall ignorieren, hat Stella erreicht, was sie wollte – sie geht nicht ins Bett.

Deshalb stellen Stellas Eltern, Herr und Frau W., sie vor die Wahl: »Stella, es ist Zeit ins Bett zu gehen. Du kannst dich entscheiden, entweder du gehst selbst ins Bett oder wir tragen dich.« Dann geht Stella entweder alleine ins Bett oder sie wird getragen. Vielleicht hört sie mit dem Wutanfall nicht auf. Auf jeden Fall haben Herr und Frau W. Stellas Fehlverhalten nicht verstärkt.

Wutanfälle beenden

Einige Wutanfälle können wir ignorieren und sie werden aufhören. Andere Wutanfälle jedoch werden sich häufen. Wir erlauben nicht, dass diese Wutanfälle fortgesetzt werden. Oft möchte das Kind herausfinden, wo die Grenze liegt – es möchte gestoppt werden.

Wir bringen das Kind aus dem Raum. Wir bringen das Kind in ein anderes Zimmer. Wir halten das Kind freundlich, aber bestimmt fest und sagen: »Du kannst hier bleiben, bis du aufhörst zu _____ (schreien, treten, beißen etc.).« Wir sagen klar und deutlich, welches Verhalten wir nicht akzeptieren. Wir geben dem Kind ein paar Minuten, um sich zu beruhigen. Dann bringen wir das Kind zurück in den Raum.

Wenn der Wutanfall wieder beginnt, machen wir das Gleiche noch einmal. Berechenbarkeit, Beharrlichkeit und Konsequenz sind sehr wichtig, wenn wir Wutanfälle beenden wollen.

Wutanfälle verhindern

Wir können viel tun, um die Häufigkeit von Wutanfällen zu verringern. Möglicherweise wird es uns jedoch nicht gelingen, sie vollständig zu verhindern.

Oft reagieren Kinder aggressiv, wenn sie müde sind. Wenn Wutanfälle dann passieren, wenn unser Kind müde, hungrig, sehr aufgeregt oder frustriert ist,

- ✓ lenken wir das Kind von Tätigkeiten ab, die es nicht tun kann/darf,
- ✓ sind wir uns über die Zeiten im Klaren, zu denen unser Kind müde oder hungrig ist,
- ✓ lenken wir unser Kind von Situationen ab, die anstrengend sein könnten,
- ✓ helfen wir unserem Kind, Spannung abzubauen, indem es rennt, hüpft oder sich zu Musik bewegt.

Wutanfälle ereignen sich oft dann, wenn das Kind müde, hungrig, aufgeregt oder frustriert ist.

Stress

Alle kleinen Kinder erleben Stress in ihrem Leben. Es folgen einige Möglichkeiten, wie wir dazu beitragen können, Stress zu Hause abzubauen:

- ✓ Wir hören unserem Kind zu und bemerken und beachten dabei seine Gefühle.
- ✓ Wir reduzieren Wettbewerb. Wir helfen unserem Kind, gut voranzukommen und sich gut zu entwickeln, ohne sich mit anderen zu vergleichen.

✓ Wir ermutigen unser Kind, wenn es sich bemüht hat, und beachten jeden Fortschritt.

✓ Wir schaffen eine Atmosphäre, in der sich jedes Kind akzeptiert fühlt.

✓ Wir helfen unserem Kind, einen Beitrag zum Familienleben zu leisten (z.B. indem es kleine Hausarbeiten übernimmt).

✓ Wir helfen unserem Kind, einfache Entspannungstechniken zu lernen (z.B. tief durchatmen).

Bei einigen Kindern kommt Anspannung körperlich zum Ausdruck: Sie haben Kopf- oder Bauchschmerzen, die nicht aufhören. Natürlich werden nicht alle körperlichen Symptome durch Stress verursacht. Wir gehen mit unserem Kind zum Arzt, wenn

● die Symptome bestehen bleiben,

● der Schmerz durchdringend ist, schlimmer wird oder wiederholt auftritt,

● das Kind sich übergeben muss,

● bei unserem Kind ein Schwindelgefühl oder Sehprobleme auftreten.

Wir verstehen die soziale Entwicklung unseres Kindes

Unser Kind wächst heran und wird unabhängiger und selbstständiger. Es beginnt damit, seine Ideen im Spiel und in Beziehungen auszutesten. Zum sozialen Reifeprozess gehört, dass unser Kind lernt, mit Grenzen umzugehen. Indem Eltern beim Grenzen-setzen Konsequenzen folgen lassen, lernt das Kind die Grenzen kennen.

Kinder wollen, dass ihre Eltern Grenzen setzen, gleichzeitig wollen sie aber auch Unabhängigkeit und Selbstständigkeit. Indem sie mit anderen Kindern spielen, haben sie die

Möglichkeit, ihre sozialen Fertigkeiten auszutesten. Wenn sie älter werden, zeigen sie auch zunehmend Interesse daran, mit anderen zusammenzuarbeiten und zu spielen.

Kinder wollen, dass ihre Eltern Grenzen setzen, gleichzeitig wollen sie aber auch Unabhängigkeit und Selbstständigkeit.

Vorschulkinder lernen, sich sozial zu verhalten

Im Alter zwischen drei und sechs Jahren spielen und arbeiten Kinder zunehmend mit anderen. Sie fangen an, Regeln und Umgangsformen zu lernen, die für das Zusammenleben wichtig sind. Sie erfahren, was akzeptabel ist und was nicht. Sie lernen soziale Kompetenz.

Es gilt, sowohl Grenzen zu setzen als auch unsere Kinder zu positivem Verhalten zu ermutigen. Zum Beispiel statt zu sagen: »Hör auf, dich zu streiten!«, könnten die Eltern sagen: »Wir wollen freundlich miteinander umgehen.«

Altersunterschiede

Es gibt Unterschiede bezüglich der sozialen Fertigkeiten bei Vorschulkindern. Gewöhnlich beziehen sich die Unterschiede auf das Alter.

Dreijährige

● Dreijährige lernen, sich mit anderen abzuwechseln. Vielleicht ist es notwendig, mit den Kindern zusammen die Zeit zu messen (z.B. wenn sie abwechselnd Bobbycar fahren).

● Sie lernen auch zu teilen. Sie nutzen das vorhandene Spielzeug gemeinsam. Wir können sagen: »Felix, wenn du lange genug mit dem Lastwagen gespielt hast, dann gib ihn bitte Lea. Sie möchte auch gerne damit spielen.« Wir geben unserer/m Dreijährigen auch einige besondere Spielsachen, die das Kind nicht teilen braucht. Diese könnten zur Seite gelegt werden, wenn andere Kinder zum Spielen kommen.

● Mit drei Jahren spielen Kinder noch immer gerne alleine. Wir zwingen unser Kind nicht, mit anderen zu spielen. Wir lassen das Kind neben anderen spielen.

Vierjährige

● Vierjährige haben große Lust, mit anderen Kindern zu spielen. Vielleicht möchte unser Kind mit einem Freund/einer Freundin in dessen/deren Haus spielen oder es möchte den Freund/die Freundin die ganze Zeit bei sich zu Hause haben.

● Sie haben ein sehr reges Vorstellungsvermögen. Sie schaffen sich oft imaginäre Freunde an – Menschen oder Tiere. Wir spielen mit unserem Kind und seinen imaginären Freunden.

● Sie sind entschieden. Vielleicht kommandieren sie herum. Sie möchten eigenständig sein, und es mag sogar so aussehen, als ob sie dazu in der Lage wären.

Fünf- und Sechsjährige

● Sie ruhen mehr in sich, sind ernster und selbstsicherer.

● Sie entwickeln positive Gefühle bezüglich ihrer Familie.

● Sie entwickeln ihre Fähigkeit zu kooperieren weiter.

Möglichkeiten, das Gemeinschaftsgefühl zu fördern

Eine der wichtigsten Aufgaben, die wir als Eltern haben, besteht darin, unseren Kindern soziale Kompetenz beizubringen und ihr Gemeinschaftsgefühl zu fördern. Wir bringen ihnen bei, sich um andere zu kümmern, fürsorglich zu sein, einen Beitrag zu leisten und bereitwillig zu kooperieren. Das Gemeinschaftsgefühl basiert auf Respekt. Es folgen einige Vorschläge, wie wir das Gemeinschaftsgefühl unserer Kinder fördern können:

✓ **Wir ermutigen unser Kind, schon als kleines Kind zu helfen.** Wir bieten dem Kind an, Hausarbeiten zu verrichten, die den Fähigkeiten des Kindes entsprechen. Wir bemerken und benennen Hilfeleistungen und geben ihnen damit Bedeutung:

- »Es ist schön, wenn jemand beim Tischdecken hilft.«
- »Es macht Spaß, Opa zu helfen, nicht wahr?«

✓ **Wir geben unserem Kind die Möglichkeit, seine eigenen Fehler wieder gutzumachen.** Wir lassen unser Kind so oft wie möglich seine eigenen Fehler beheben. Kinder können aufheben, was sie haben fallen lassen. Was sie verschüttet haben, können sie aufwischen. Auf diese Weise lernen sie die Bedeutung von Kooperation.

✓ **Wir erwarten keine Perfektion.** Wir akzeptieren die Bemühungen unseres Kindes, eine Aufgabe zu erfüllen. Das motiviert unser Kind, sich beteiligen zu wollen und sich nicht zurückzuhalten aus Angst davor, Fehler zu machen.

✓ **Wir erkennen seine Bemühungen und seine Fortschritte an.** Ermutigung ist eine wunderbare Möglichkeit, das Interesse unseres Kindes an der Welt zu fördern! Ein ermutigtes Kind wird sich auch weiterhin bemühen, neue Erfahrungen zu machen.

✓ **Wir ändern nicht das Ergebnis der ersten Bemühungen unseres Kindes.** Wir machen nicht das Bett noch einmal, nur weil es noch immer nicht gerade liegt. Kritik kann die Kooperationsbereitschaft zerstören.

✓ **Wir spielen, arbeiten und lernen zusammen.** Wir lassen unser Kind an familiären, religiösen und anderen gesellschaftlichen Aktivitäten teilnehmen. Wir beteiligen unser Kind bei Familienkonferenzen, wenn wir anderen helfen und gemeinsam Aufgaben erledigen wie anstreichen oder sauber machen.

Übertreibungen und das Erfinden von Geschichten sind ein typisches Verhalten für Vorschulkinder.

Wichtige Aspekte bei der sozialen Entwicklung

Die soziale Entwicklung umfasst viele Aspekte. Die fünf Aspekte, die für die meisten Eltern von besonderem Interesse sind, sind Ehrlichkeit, Aggressivität, Sauberkeitserziehung, Schlafens- und Essenszeiten.

Ehrlichkeit

Wir alle möchten, dass unsere Kinder ehrlich sind. Im Vorschulalter beginnen Kinder oft, Dinge zu sagen und zu tun, die unehrlich erscheinen. Übertreibungen und Geschichtenerfinden sind jedoch ein typisches Verhalten für Vorschulkinder.

Oft erzählen uns Kinder etwas, von dem sie sich wünschen, dass es wahr wäre: »Schau mich an! Ich bin die stärkste Frau der Welt!«

Kinder lügen aus den gleichen Gründen wie Erwachsene. Sie möchten eine positive Reaktion erzielen oder eine schlechte vermeiden. Kleine Kinder können noch nicht erkennen, dass es falsch ist, zu lügen, um zu bekommen, was sie wollen.

Wir überreagieren nicht, wenn unser Kind lügt. Wir erklären ihm, dass es wichtig ist, die Wahrheit zu sagen: »Wenn ich eine Geschichte höre, die nicht wahr ist, dann mache ich mir Sorgen. Wir müssen darüber sprechen, was wirklich passiert ist.« Manchmal können wir uns auch dafür entscheiden, die Lüge zu ignorieren.

Aggressivität

Wir haben alle von Kindern gehört, die andere bedrohen oder terrorisieren. Kinder, die physisch oder psychisch aggressiv werden, um zu bekommen, was sie möchten, bezeichnen wir allgemein als gewalttätig. Als Eltern werden wir wahrscheinlich irgendwann mit Aggressivität umzugehen haben – entweder mit der anderer Kinder oder der unserer eigenen Kinder.

Wenn ein anderes Kind aggressiv ist. Unser Kind muss lernen, welche Möglichkeiten es hat, wenn es von einem anderen Kind bedroht oder terrorisiert wird. Zum Beispiel:

✓ Manchmal muss unser Kind es vermeiden, mit dem aggressiven Kind zu spielen.

✓ Manchmal müssen wir als Eltern das aggressive Kind wegschicken.

✓ Unser Kind muss sich vielleicht entscheiden, was es zu akzeptieren bereit ist und was nicht. Wir können unserem Kind dabei helfen, das herauszufinden. Dann wird unser Kind dem aggressiven Kind gegenübertreten müssen und sich weigern, sich als Opfer zu fühlen und als Opfer zu handeln.

✓ Wir können damit anfangen, unserem Kind zu helfen, Mut zu Hause zu entwickeln.

Wenn unser Kind aggressiv ist. Wenn unser Kind andere Kinder bedroht, müssen wir das Ziel des Verhaltens verstehen. Es könnte sich dabei um Macht oder Kontrolle handeln. Wir helfen unserem Kind, dieses Ziel auf akzeptable Weise zu erreichen. Was ist zu tun, wenn unser Kind auch weiterhin andere bedroht? Dann hat sich das Kind dafür entschieden, nicht mit anderen Kindern zu spielen. Sollte das Kind auch weiterhin andere Kinder bedrohen, ist es möglicherweise notwendig, mit einem Arzt oder Therapeuten zu sprechen.

Sauberkeitserziehung

Wenn wir versuchen, unser Kind zu früh an das Töpfchen bzw. die Toilette zu gewöhnen, ist das sowohl für das Kind als auch für die Eltern frustrierend. Die meisten Kinder sind vor Vollendung des zweiten Lebensjahres körperlich nicht fähig, Darm oder Blase zu kontrollieren. Wir warten, bis unser Kind mindestens zwei Jahre alt ist, bzw. Eigeninitiative zeigt, auf das Töpfchen zu gehen, bevor wir mit dem Sauberkeitstraining beginnen. Wenn es nicht funktioniert, warten wir ein paar Wochen, bevor wir es wieder versuchen. Es wird dann weniger stressig sein, sowohl für die Eltern als auch für das Kind. Wir achten auf den individuellen Rhythmus, die eigene Initiative unseres Kindes. Es ist wichtig, unser Kind in keinem Stadium des Sauberkeitstrainings zu drängen. Es folgen einige grundsätzliche Schritte für die Sauberkeitserziehung:

✓ **Wir bringen unserem Kind bestimmte Ausdrücke bei.** Indem wir dem Kind Ausdrücke beibringen, mit denen es Stuhlgang und Wasserlassen bezeichnen kann, helfen wir unserem Kind zu verstehen, worüber wir sprechen. Wir könnten z.B. sagen: »Tina macht Aa in ihre Windel.«

✓ **Wir erkennen den Erfolg an.** Anerkennung kann den Prozess in Gang bringen und ihn am Leben erhalten. Genauso wichtig ist es, das Kind nicht zu schimpfen, wenn es mal in die Windel macht.

✓ **Wir stellen einen Toilettensitz zur Verfügung.** Unser Kind möchte andere Menschen, die die Toilette benutzen, nachahmen. Wenn dem so ist, ist das Kind vielleicht bereit für einen Toilettensitz.
Wir stellen einen Sitz (Toilettenring für Kinder) zur Verfügung und beobachten das Kind ein paar Tage. Wir beobachten das Kind, um zu sehen, ob es daran interessiert ist, den Sitz zu benutzen. Am Anfang ermutigen wir unser Kind zu einem »Einmal pro Tag«-Ritual. Wir üben keinen Druck auf unser Kind aus, indem wir ein Ergebnis erwarten. Wir setzen dann das Kind mehrmals am Tag auf den Sitz. Wir versuchen, die »Sitzung« während des Tages zu der Zeit abzuhalten, zu der das Kind gewöhnlich in die Windeln gemacht hat.

✓ **Wir bieten Windelhosen an.** Nachdem unser Kind den Toilettensitz einige Wochen lang erfolgreich benutzt hat, benutzen wir Windelhosen als nächsten Schritt. Wenn wir in dieser Phase drängen, bekommt unser Kind vielleicht Angst und es hält zu lange ein, so dass es zu Verdauungsstörungen kommt.

✓ **Wir bleiben freundlich, wenn »Unfälle« und Rückfälle passieren.** Unfälle passieren nun mal. Wir wechseln die Windelhose und probieren es noch mal. Die Kontrolle der Blase geschieht gewöhnlich, bevor die Darmkontrolle möglich ist. Zuerst wird die Blasen- und Darmkontrolle tagsüber gelingen, dann auch nachts.

✓ **Wir helfen unserem Kind, Bettnässen zu vermeiden.** Vielleicht sagen wir: »Besser trinkst du vor dem Zubettgehen kein Glas Wasser mehr.« Wir wecken unser Kind nicht auf, um zur Toilette zu gehen. Wenn wir das tun, üben wir Druck auf unser Kind aus und nehmen ihm die Verantwortung für das Aufstehen ab. Außerdem könnte dies zu Schlafstörungen führen.

✓ **Wir sind geduldig.** Sauberkeitserziehung braucht Zeit. Die meisten Kinder sind mit ihrem dritten Lebensjahr trocken.[1] Gewöhnlich brauchen Jungen länger als Mädchen. Vorübergehende Rückfälle (möglicherweise durch die Geburt eines Geschwisterkinds) behandeln wir als kleinen Unfall, nicht als großen Fehler. Wir helfen unserem Kind – auch durch Absprachen mit Kita und Großeltern –, sauber und trocken zu werden. Wir zeigen Einfühlsamkeit und Interesse: »Das ist sicher unangenehm für dich.«
Wir vermeiden die Einführung des Sauberkeitstrainings, wenn große Veränderungen im Familienleben anstehen.

**Drängen Sie Ihr Kind in keiner Phase
der Sauberkeitserziehung.**

---

1 Erst bei Sechsjährigen, die noch einnässen/-koten, gilt es den Arzt zu fragen, ob aus medizinischer Sicht alles in Ordnung ist.

Schlafenszeiten

Kleinkinder brauchen viel Schlaf und regelmäßige Ruhezeiten. Sie brauchen eine geregelte Schlafenszeit und regelmäßige, angenehme Rituale vor dem Zubettgehen. Diese Rituale haben einen positiven Einfluss auf das Verhalten und sind notwendig für die gesunde Entwicklung unserer Kinder.

Viele Babys schlafen willig und regelmäßig, weil sie fühlen, dass sie den Schlaf brauchen. Oft können wir sogar einem aufgeregten Baby helfen einzuschlafen, indem wir ihm einfach eine Weile den Rücken streicheln.

Klein- und Vorschulkinder sind oft missmutig, wenn sie zu Bett gehen sollen. Manchmal versuchen sie, die Schlafenszeit hinauszuziehen, indem sie etwas zu trinken, eine Umarmung und noch eine Geschichte wollen oder auch nochmals zur Toilette gehen möchten. Manchmal möchten sie auch über ein scheinbares Problem oder ihre Angst sprechen. Vielleicht haben sie auch einen zu langen oder zu späten Mittagsschlaf gehalten.

Es folgen einige Vorschläge, wie wir Schlafenszeiten einfacher gestalten können:

- ✓ **Wir sprechen während des Tages über die Schlafenszeit.** Wir sagen, dass wir wissen, dass unser Kind alt genug ist, alleine zu schlafen. Wir erklären, dass wir zur Schlafenszeit nicht bei unserem Kind am Bett bleiben werden.

- ✓ **Wir setzen den täglichen Mittagsschlaf am frühen Nachmittag an.** Wir achten darauf, dass die Schlafenszeit während des Tages nicht länger als 1 – 2 Stunden dauert.

- ✓ **Wir planen voraus.** Wir denken im Voraus darüber nach, was unser Kind zur Schlafenszeit haben möchte, und treffen Vorsorge, diese Bedürfnisse zu befriedigen, bevor das Kind danach fragt. Dann sagen wir dem Kind freundlich und bestimmt, dass dies das letzte »Gute Nacht« war. Wir halten uns daran.

✓ **Wir sagen: »Das ist die letzte Geschichte.«** Wir sagen unserem Kind im Voraus, dass eine bestimmte Geschichte oder ein Lied nun die bzw. das letzte sein wird und dass wir danach das Zimmer verlassen werden.

✓ **Wir gehen auf weitere Wünsche nicht mehr ein.** Wir bringen das Kind zu Bett. Danach reagieren wir nicht mehr auf etwaige weitere Rufe und Forderungen nach Aufmerksamkeit, bevor das Kind einschläft.

Was tun wir, wenn unser Kind aufwacht und weint und nicht im Bett bleiben will?

● Wir vergewissern uns, dass unser Kind sich nicht ernsthaft fürchtet oder krank ist, seine Windel nicht gewechselt werden muss und es nicht durstig ist.

● Wir bringen das Kind zurück ins Bett und verlassen den Raum. Wir legen uns nicht mit dem Kind hin. Wir nehmen das Kind auch nicht mit in unser Bett.

● Wir wiederholen den Prozess so oft, wie es notwendig ist. Wir sind dabei freundlich, bestimmt und geduldig. Dadurch helfen wir unserem Kind im eigenen Bett zu schlafen. Wir werden den Prozess dann in den folgenden Nächten immer seltener wiederholen müssen.

Kleinkinder und Vorschulkinder gehen oft nicht gerne ins Bett.

Essenszeiten

Die Essenszeit kann von kleinen Kindern durchaus genutzt werden, um Macht auszuüben. Es folgen einige Vorschläge, wie wir Auseinandersetzungen zur Essenszeit vermindern können:

✓ **Wir setzen regelmäßige Haupt- und Zwischenmahlzeiten fest.** Wir geben keine Naschereien zwischendurch. Statt Kekse, Süßigkeiten und Getränke, die viel

Zucker enthalten, stellen wir gesunde Zwischenmahlzeiten zur Verfügung: Obst, Milch, zuckerfreien Früchtetee oder zuckerfreie Fruchtsäfte.

✓ **Wir setzen einen vernünftigen Zeitrahmen fest.** Wir trauen einem kleinen Kind zu, ca. 15 Minuten am Tisch zu sitzen. Wenn das Kind fertig ist, kann es aufstehen oder fragen, ob es den Tisch verlassen darf. Sein Essen wird weggeräumt.

✓ **Wir bieten kleine Mengen Essen an.** Wenn das Kind eine kleine Menge zu sich genommen hat, bieten wir mehr an. Wenn das Kind anfängt, mit dem Essen zu spielen, ist es mit dem Essen fertig. Wir sagen dann: »Ich sehe, du möchtest nichts mehr essen.«

✓ **Wir lassen Essen nicht zum Thema werden.** Wir vermeiden es, Essen zum Thema in der Beziehung zu unserem Kind werden zu lassen. Wir bieten Essen nicht als Bestechung oder Belohnung an oder bestehen darauf, dass der Teller leergegessen wird. Essen als Bestrafung – z.B. durch das Vorenthalten bestimmter Speisen (Nachtisch) – ist gleichermaßen problematisch. Dieses Verhalten könnte die Voraussetzung dafür schaffen, dass Essen zum Machtkampf wird.

✓ **Wir bereiten keine Vielfalt an Essen zu den verschiedenen Mahlzeiten vor.** Bei der Essensvorbereitung ziehen wir die unterschiedlichen Vorlieben der Familienmitglieder in Betracht. Wir gewöhnen uns jedoch nicht an, nur bestimmtes Essen zuzubereiten. Wir bereiten kein besonderes Essen für den einen oder anderen in der Familie vor. Wenn wir dies tun, geben wir den Kindern Aufmerksamkeit und Macht – keine gute Ernährung.

✓ **Wir begrenzen Süßigkeiten.** Wir stellen Regeln auf, wann und in welchen Mengen Süßigkeiten gegessen werden dürfen. Wir vermeiden, selbst viele Süßigkeiten zu essen, und halten keine vorrätig im Schrank. Indem wir uns so verhalten, werden wir wahrscheinlich weniger Probleme mit Süßigkeiten haben.

Umgang mit Medien

Moderne Medien, wie z.B. Fernseher, Computer, Tablets oder Smartphones, sind aus unserem Alltag nicht mehr wegzudenken. Sie nehmen immer größeren Einfluss auf unser Leben. Auch Kinder haben heutzutage einen so leichten Zugang zu elektronischen Medien wie nie zuvor und verbringen oft sehr viel Zeit damit. Schon Eltern von kleinen Kindern machen sich Gedanken über den angemessenen Umgang.

Es ist wichtig, dass Eltern sich über die neuen Medien informieren, um die positiven Aspekte, aber auch die Gefahren zu erkennen und diesbezüglich Sicherheit im Erziehungsalltag zu gewinnen. Z.B. gute Kinderfernsehsendungen können anregend sein, indem sie Hintergründe und Geschehnisse der realen Welt spannend erklären und auf mehr Wissen neugierig machen. Geeignete kurze Computerspiele und Apps können Kinder altersangemessen unterhalten. Zu den Gefahren zählt z.B. die Überforderung der kleinen Kinder durch altersunangemessene und gewalthaltige Filme oder Spiele.

Allerdings gilt: Um medienkompetent und fit für die Zukunft zu werden, müssen Kinder lernen, Medien zu beherrschen statt von ihnen beherrscht zu werden. Und das will früh gelernt sein.[1]

Jede Familie wird einen eigenen Mediennutzungsstil entwickeln. Wir Eltern entscheiden, wie wir eine angemessene Medienerziehung im Familienalltag integrieren können. Auch für die Medienerziehung gilt der Grundsatz »Freiheit innerhalb von Grenzen gewähren«. Die STEP Fertigkeiten und die STEP Haltung können dabei hilfreiche Dienste leisten. Es folgen einige Vorschläge, wie wir Eltern unsere

---

1 Die Bundeszentrale für gesundheitliche Aufklärung empfiehlt die 3-6-9-12 Regel: Keine Bildschirmmedien unter 3 Jahren, keine eigene Spielkonsole vor 6 Jahren. Ausführliche Infos zur Medienerziehung – auch für weitere Altersstufen – unter kindergesundheit-info.de.

kleinen Kinder bei der Entwicklung der Medienkompetenz unterstützen können[1]:

Als Eltern fördern wir eine gesunde Bewegungsentwicklung (Krabbeln, Laufen, etc.) und den **Erwerb kommunikativer Kompetenzen** (Sprechen, Singen, etc.). Wir achten auf die Entwicklung einer guten Beziehung zum Kind und **zeigen unsere Liebe**, u. a. indem wir die individuelle Entwicklung und das jeweilige Temperament des Kindes wahrnehmen und darauf eingehen (s. Kap. 1). **Dies ist eine gute Basis, um Kinder in die Medienwelt einzuführen.**

Wir treffen die Auswahl der Medien

Die Frage, ab welchem Alter der Einstieg in die Medien gegeben sein sollte, wird von Medienexperten unterschiedlich gesehen. Hier sind einige Orientierungswerte für altersgemäße, inhaltlich angemessene Mediennutzung[2]:

✓ Wir setzen Säuglinge nicht dem Fernsehgerät aus, auch dann nicht, wenn sich bereits Babys vom Bildschirmgeflimmer und den Geräuschen bannen lassen.

✓ Kinder im Alter von 0 bis 2 Jahren reagieren oft nervös, wütend oder erschöpft auf die Geräuschkulissen von Medien. Das wichtigste Medium in diesem Alter sind Bilderbücher. Wir lesen unserem Kind regelmäßig vor oder lassen es die Bilder deuten oder darüber erzählen. Dadurch lernt es, das Gesehene mit Sprache zu verbinden und zu verarbeiten.
Auch Hör-CDs mit entspannender und fröhlicher Musik sind anregend. Zweijährige können bereits kleineren Hörgeschichten im Wechsel mit Musik folgen.

---

1 Herzlichen Dank an Frau Angela Stauten-Eberhardt, zertifizierte STEP Kursleiterin und ausgebildete Medienreferentin für die Ausarbeitung dieses Themas.
2 Ausführliche Infos in den Broschüren »Gut hinsehen und zuhören!« von der Bundeszentrale für gesundheitliche Aufklärung (BzgA), sowie »Medien gemeinsam entdecken« von Schau-hin und »Geflimmer im Zimmer« vom Bundesministerium für Familien, Senioren, Frau und Jugend. Die Broschüren können im Internet bestellt werden: www.bzga.de, www.schau-hin.info

✓ Für TV-Einsteiger, ab ca. 2½ Jahren, eignen sich vor allem kleinere Spielszenen, die man Kleinkindern über DVD, durch Aufzeichnungen aus dem Fernsehprogramm oder auf Internetkanälen (z.B. Online-Mediatheken oder YouTube) zeigt. Dies ermöglicht Familien, ihr eigenes, zeitunabhängiges Programm zu gestalten. Kleine Kinder lieben die Wiederholung von Sendungen und können so Lieblingsfilme mehrmals anschauen. Wiederholungen helfen ihnen, spannende Szenen zu begreifen oder immer wieder neue Aspekte in Situationen zu entdecken.
Kinder unter 3 Jahren sollten jedoch nur selten fernsehen. Altersgerechte Spiele ohne Medien, Ausprobieren und Erfahrungen mit allen Sinnen sammeln sowie direkte Zuwendung müssen in diesem Alter für die gesunde Entwicklung des Kindes bzw. insbesondere der Eltern-Kind-Bindung im Vordergrund stehen.

✓ Ab dem Alter von 3 Jahren sind Fernsehsendungen, Filme und Computerspiele geeignet, die auf diese Altersgruppe zugeschnitten sind. Es ist wichtig, dass wir die Alterskennzeichen von Filmen und Spielen als Untergrenze ernst nehmen (USK-Regeln beachten)!
Bis zum Alter von 5 Jahren können sich die Kinder noch nicht lange genug konzentrieren, um einen längeren Filmbeitrag als zusammenhängende Handlung zu begreifen – stattdessen picken sie Einzelheiten heraus. Ebenso können viele Kinder dieser Altersgruppe noch nicht zwischen Realität und Fiktion unterscheiden. Der Wechsel von lustigen und informativen Elementen mit langsamen Bildabfolgen, einer überschaubaren Handlung und nicht zu beängstigenden Geräuschen ist ideal für dieses Alter. Wir sind uns darüber im Klaren, dass die Kinder noch nicht zwischen Programm und Werbung unterscheiden können.

✓ 4- bis 5-jährige Kinder können auch schon mit altersgerechter Computersoftware, die sie über Eltern oder Geschwister kennengelernt haben, geschickt umgehen

221

und haben besonderen Spaß an Software, mit der sie etwas gestalten und ausdrucken können.

Kinder dieser Altersstufe sollten nicht länger als 30 Minuten täglich fernsehen oder Computerspiele spielen. Hör-Medien sollten max. 45 Minuten genutzt werden.

✓ Kinder im Alter von 6 Jahren sind schon in der Lage, den wesentlichen Handlungsablauf eines altersgemäßen Films wahrzunehmen. Bei zu langen Filmen mit weiten Spannungsbögen, verlieren Kinder häufig den Zusammenhang zwischen den einzelnen Szenen und damit das Interesse. Sie interessieren sich besonders für Serien mit Action und Wortwitz oder für Formate, die ihnen kindgerecht Wissen vermitteln.

Wir können unserem Kind kindgerechte Seiten im Internet zeigen und unter Favoriten speichern, damit das Kind sie eigenständig wiederfindet. Eine große Sammlung geeigneter Webseiten ist zu finden auf: www.seitenstark.de.

Wichtig ist, bewusst ein qualitativ hochwertiges Programm auszuwählen, das dem Alter und Entwicklungsstand des Kindes entspricht und über das Gesehene mit dem Kind zu sprechen. Je älter unser Kind wird, desto mehr muss es lernen – innerhalb der von uns Eltern gesetzten Grenzen –, aus der Vielfalt der medialen Angebote selber auszuwählen.

Wir begleiten unsere Kinder bei der Mediennutzung

Das gemeinsame Entdecken der elektronischen Medien macht Spaß und gibt uns Eltern die Chance, unseren Kindern den richtigen Umgang mit elektronischen Medien zu vermitteln. Das bedeutet nicht, dass wir immer daneben sitzen müssen. Es ist wichtig, mitzubekommen, was unser kleines Kind sieht oder spielt, um ggf. bei aufkommenden beängstigenden Szenen seine Gefühle wahrnehmen und ihm, z.B. durch aktives Zuhören (s. Kap. 4), zur Seite stehen zu können.

Wir entdecken die Interessen der Kinder beim Fernsehen oder Computerspielen

Wir sind achtsam auf die Reaktionen unseres Kindes. Wir beobachten und fragen, was unser Kind an seinen TV-Lieblingen besonders mag. Wir sprechen mit unserem Kind über die Filmszenen oder die Erlebnisse beim Computerspielen: Wir hören aktiv zu und stellen offene Fragen (s. Kap. 4). Auf diese Weise erfahren wir viel über unser Kind: seine Wünsche, seine Sicht auf die Welt, seine Alltagserfahrungen, seine Probleme und Lösungsstrategien. Wir lernen besondere Interessen unseres Kindes kennen und können sie – durch weitere Gespräche, Aktivitäten, Lektüre von Büchern, etc. – fördern. Wir sprechen sowohl über positive als auch über negative Erfahrungen. Wenn unser Kind Angst bei einigen Szenen, etc. hat, hören wir aktiv zu und helfen ihm, die Angst zu überwinden. (s. auch Kap. 7, »Furcht und Ängste«).

Wir reden nicht »abfällig« über die Heldinnen und Helden unseres Kindes. Kinder identifizieren sich sehr stark mit ihren Lieblingsfiguren und die Kritik an den geliebten Figuren bedeutet für Kinder häufig auch Kritik an ihnen selbst.

Wir lassen zu, dass Kinder die Eindrücke über die Medien verarbeiten

Der ganz natürliche Bewegungsdrang der kleinen Kinder sorgt dafür, dass sie nicht lange still vor dem Fernseher sitzen. Wir erlauben unserem Kind, sich zu bewegen – wir sagen nicht, »Sitz still beim Fernsehgucken«.

Wenn Kinder Fernsehsendungen nachspielen oder parodieren, ist das ihre Art, die Eindrücke zu verarbeiten. Wir fördern dieses Spiel, auch wenn es manchmal hoch her geht. Z.B. geben wir unserem Kind passende Kleidung, damit es sich entsprechend verkleiden kann.

Wir setzen den Rahmen und legen Regeln bzgl. Mediennutzung fest

Es folgen einige Aspekte, die wir berücksichtigen wollen, sowie Anregungen zur Umsetzung:

✓ Wir stellen Fernseher, Konsole und Computer in Gemeinschaftsräumen auf und nicht im Kinderzimmer. Wir stellen Möbel so, dass nicht alle Sitzmöbel auf den Fernseher ausgerichtet sind.

✓ Wir planen die Medienaktivitäten gemeinsam und im Voraus und lassen die Kinder mit zunehmendem Alter mehr und mehr an der Auswahl der Sendung und an der Zeitplanung teilhaben.

✓ Bei den Gesprächen zur Planung der Medienaktivitäten hören wir den Kindern aktiv zu, wir formulieren Ich-Aussagen und erforschen gemeinsam Alternativen (s. Kap. 5).

Beispiele für hilfreiche Familienregeln:

✓ Nach dem Computerspielen kein Fernsehen mehr (und/oder umgekehrt).

✓ Der Fernseher wird bei bestimmten Sendungen gezielt an- und abgeschaltet.

✓ Der Fernseher oder die Spielkonsole wird nach der vereinbarten Sendung / Zeit ausgestellt. Wenn die Vereinbarung getroffen wird oder falls sich das Kind an diese Regel nicht hält, geben wir unserem Kind die Wahlmöglichkeit: »Soll ich den Fernseher ausstellen oder möchtest du das selbst machen?«

✓ Das Kind erhält wöchentliche Gutscheine für jeweils eine halbe Stunde Fernseh- oder Computerspielzeit (z.B. 6 bis 7 Gutscheine für Fünfjährige).
(Das Kind kann selber entscheiden, wann es die Gutscheine für seine Medienzeit einsetzt – vielleicht möchte das Kind diese mehr am Wochenende einlösen, wenn ein spannender Film kommt, dafür aber an zwei Tagen in der Woche ohne Medien auskommen.)

✓ Mindestens ein Nachmittag/Abend wird wochentags für andere gemeinsame Familienaktivitäten eingeplant.

✓ Nach einem intensiven Fernsehtag gibt es am folgenden Tag eine Fernsehpause.

✓ Bei Geschwisterstreit z.B. wegen der Uneinigkeit über ein bestimmtes Programm, erforschen die Kinder Alternativen, um gemeinsam eine Lösung zu finden. Wenn notwendig, helfen wir ihnen dabei (z.B. bei der Familienkonferenz, s. Kap. 5).

✓ Wir nehmen die Mahlzeiten ohne »Medienberieselung« ein (kein Fernsehen, keine Unterbrechung durch Smartphone, etc.). Möglicherweise entscheiden sich einige Eltern hin und wieder Ausnahmen zuzulassen, wie z.B. eine Fußballweltmeisterschaft oder die Olympiade.

✓ Wir vermeiden Fernsehen direkt vor dem Schlafengehen. Spätestens eine Stunde vor dem Zubettgehen sollte den Kindern die Möglichkeit der Verarbeitung des Gesehenen und die Möglichkeit zum Austoben gegeben sein. Das Ritual, den Tag mit dem Vorlesen einer Geschichte zu beenden, kommt auch dem Bedürfnis der Kinder nach Nähe und Zuwendung entgegen.

✓ Wir sprechen auch mit Freunden, Verwandten oder der Tagesmutter/-vater – Menschen, bei denen unsere Kinder (regelmäßig) Zeit verbringen – über Dauer und Inhalte der Mediennutzung. Wenn möglich, treffen wir mit ihnen entsprechende Vereinbarungen.

✓ Wir informieren uns auf entsprechenden Webseiten wie z.B. www.schau-hin.info, www.flimmo.de, www.internet-abc.de; www.klicksafe.de, wenn wir mehr über Medienerziehung wissen möchten.

Wir nutzen Medien produktiv

Wir zeigen unserem Kind, wie es Bilder ausdrucken, Geräusche aufnehmen oder fotografieren kann. Kinder ab 6 Jahren sind oft schon in der Lage Videos aufzunehmen oder Fotos zusammen mit den Eltern zu bearbeiten.

Wir bieten alternative Freizeitbeschäftigungen an

Wir machen den Fernseher nicht zum Zentrum unseres Familienlebens. Wenn Kinder keine alternativen Freizeitmöglichkeiten haben oder sich langweilen, neigen sie dazu, Medien verstärkt zu nutzen. Ebenso, wenn sie sehen, dass sich die Geschwister oder die Eltern andauernd mit Medien beschäftigen. Wir schaffen regelmäßig Alternativen zu medialen Beschäftigungen im Alltag: Ein regelmäßiger gemeinsamer Spiele- oder Bastelabend, regelmäßiges Vorlesen/Geschichten erzählen, Erlebnisse austauschen, gemeinschaftlich Kochen, fantasievolle Buden bauen, Tischtennis oder Fußball spielen – sind nur einige wenige Möglichkeiten.

Wir setzen Medienkonsum nicht als Belohnung ein und Medienentzug nicht als Bestrafung!

Unser Ziel ist, dass Kinder Selbstdisziplin im Hinblick auf den Umgang mit den Medien entwickeln. Diese o. g. Maßnahmen sind nicht hilfreich dafür, deswegen vermeiden wir sie!

Wir sind unseren Kindern ein gutes Vorbild in Bezug auf die achtsame Mediennutzung

Fast immer findet der erste Kontakt mit den Medien in der Familie statt. Ob Kinder dabei einen sinnvollen, selbstständigen und verantwortungsvollen Umgang erlernen, hängt hauptsächlich davon ab, wie wir Eltern mit dem Thema Fernsehen, Computer, Spielkonsole, Smartphone und Co. im Familienalltag umgehen.

Wir Eltern und die älteren Geschwister sind Vorbilder. Wir lassen uns nicht ständig von unserem Handy/Smartphone ablenken oder surfen nicht im Beisein des Kindes im Internet. Wir Eltern – und die älteren Geschwister – sind Vorbilder. **Was wir tun, zählt mehr als das, was wir sagen!**

Wir haben den Mut, Herausforderungen anzunehmen

Bei der Erziehung von kleinen Kindern geht es hauptsächlich um Mut. Wir möchten, dass unser Kind Mut entwickelt – den Mut, Herausforderungen anzunehmen und Lösungen zu finden.

Mut ist nicht nur für Kinder wichtig. Kinder zu erziehen, ist eine Herausforderung, und Eltern brauchen Mut, der Herausforderung erfolgreich zu begegnen.

Wir haben viele Möglichkeiten betrachtet, unserem Kind beim Heranwachsen zu helfen. Wir helfen, indem wir

✓ unserem Kind und uns selbst Liebe und Respekt entgegenbringen,

✓ die Entwicklung unseres Kindes verstehen,

✓ realistische Erwartungen haben,

✓ unser Kind ermutigen,

✓ zuhören und über unsere Gefühle sprechen,

✓ Grenzen setzen und Wahlmöglichkeiten geben.

All diese Fertigkeiten und Einstellungen brauchen Zeit und Übung. Wir sind beharrlich. Wir sind geduldig mit uns selbst und mit unserem Kind. Wenn wir Schwierigkeiten haben, denken wir über unsere Erziehungsziele nach:

✓ Ein Kind zu erziehen, das glücklich, zufrieden, gesund, selbstständig, respektvoll ist und Selbstvertrauen, Kooperationsbereitschaft und Verantwortungsbewusstsein zeigt,

✓ eine dauerhafte, erfüllende Beziehung zu unserem Kind aufzubauen,

✓ unserem Kind zu helfen, zu einem verantwortungsbewussten Erwachsenen heranzuwachsen,

✓ ein Kind zu erziehen, das geliebt wird und fähig ist zu lieben.

227

Mit dieser Vorgehensweise bauen wir den Mut unserer Kinder auf. Wir geben unseren Kindern das liebevollste Geschenk, das wir ihnen zuteil werden lassen können.

STEP ERMUTIGUNG

Ermutigung ist für Sie selbst ebenso wichtig wie für Ihr Kind. Wenn Sie sich ermutigt fühlen, verlieren Sie Ihre Angst, zu versagen. Sie sehen Ihre Fähigkeiten klarer. Eine Möglichkeit, sich selbst zu ermutigen, besteht darin, Ideen – wie die folgenden – zu entwickeln, an sie zu glauben und sie auch aufzuschreiben:

- Ich bin ein positiver Mensch.
- Ich bin ein fähiger Mensch.
- Ich kann mich ändern.
- Ich mag mich.

Denken Sie über diese ermutigenden Ideen nach. Was bedeuten sie für Sie? Was können Sie sich selbst noch sagen? Überlegen Sie sich andere Arten der Ermutigung, die zu Ihnen passen.

Erinnern Sie sich an diese Wertvorstellungen und Überzeugungen. Schreiben Sie sie auf und kleben sie an den Spiegel, in die Küche etc. oder bewahren Sie sie in Ihrer Handtasche oder Ihrem Geldbeutel auf.

NUR FÜR SIE

BEKÄMPFEN SIE NEGATIVE

WERTVORSTELLUNGEN
UND ÜBERZEUGUNGEN

Wertvorstellungen und Überzeugungen verursachen Gefühle. Wenn Sie sich dafür entscheiden, an unangenehme Dinge zu denken, werden Sie unangenehme Gefühle haben. Ihre Gefühle sind das Ergebnis Ihrer Gedanken.

Negative Wertvorstellungen und Überzeugungen führen zu Problemen. Sie stehen Ihrem Glück und Ihrer Zufriedenheit im Weg.

Ihre entmutigenden Worte und Selbstgespräche spiegeln Ihre Wertvorstellungen und Überzeugungen wider. Sie klingen fordernd, beschuldigend und klagend:

- »Ich sollte perfekt sein.«
- »Ich sollte der/die Beste sein.«
- »Ich muss gewinnen.«
- »Ich muss erfolgreich sein.«
- »Ich muss die Kontrolle haben.«
- »Ich muss es jedem recht machen.«
- »Ich muss Recht haben.«
- »Ich muss einen guten Eindruck machen.«
- »Ich muss machen dürfen, was ich will.«
- »Die anderen müssen/sollen meinen Beitrag anerkennen.«
- »Das Leben muss/soll fair sein.«
- »Das Leben soll/muss leicht sein.«

Lernen Sie positive, effektivere Gedanken zu haben:

- ✓ Entscheiden Sie sich für neue Gedanken.
- ✓ Betrachten Sie negative Situationen auf logische Weise.

229

✓ Beschäftigen Sie sich mit dem, was Sie »wollen« und sich »wünschen«, nicht mit »sollen« und »müssen«.

✓ Betrachten Sie »Katastrophen« als die einfachen Schwierigkeiten und Enttäuschungen, die sie wirklich sind.

Um negative Wertvorstellungen und Überzeugungen zu bekämpfen, fragen Sie sich:

● Woran denke ich? Fordere oder beschuldige ich?

● Machen meine Wertvorstellungen und Überzeugungen Sinn? Woher weiß ich das?

● Was wird geschehen, wenn ich an diesen Überzeugungen festhalte?

● Was wird geschehen, wenn ich meine Wertvorstellungen und Überzeugungen ändere?

Zusammenfassung

1. Verstehen Sie die Gefühle Ihres Kindes und nehmen Sie sie an. Setzen Sie angemessene Grenzen. Erkennen Sie, dass ältere Kleinkinder und Vorschulkinder manchmal Gefühle dazu benutzen, um Aufmerksamkeit zu bekommen, Macht auszuüben, Rache zu nehmen oder ihre Unfähigkeit zu beweisen.

2. Kleine Kinder weinen, um ihren Gefühlen und Bedürfnissen Ausdruck zu geben. Vielleicht weinen sie auch, um ihre Eltern zu kontrollieren.

3. Traurigkeit könnte eine Reaktion auf einen Verlust sein. Sie ist manchmal auch eine Möglichkeit, mit anderen Gefühlen fertig zu werden. Hören Sie zu und zeigen Sie, dass Sie verstehen. Helfen Sie Ihrem Kind, sich seiner Gefühle bewusst zu werden.

4. Eifersucht kann bei Klein- und Vorschulkindern besonders stark sein. Sie tritt am häufigsten auf, wenn ein Neugeborenes dazukommt.

5. Um Ihrem Kind zu helfen, mit Furcht und Ängsten umzugehen:

- Akzeptieren Sie Angst als etwas Normales.
- Verstehen Sie, weshalb Ihr Kind Angst hat.
- Halten Sie Grenzen ein.
- Hören Sie aktiv zu.

6. Manchmal sind Wutanfälle die Folge von Frustration. Lassen Sie Ihr Kind diese Art von Wutanfall durchleben. Danach trösten Sie das Kind. Bei anderen Wutanfällen geht es um Macht. Ignorieren Sie diese Anfälle oder gewähren Sie dem Kind eine Pause zur Beruhigung (»STOP Regel«).

7. Alle kleinen Kinder haben Stress in ihrem Leben. Vielleicht verleihen sie dieser Anspannung durch physische Symptome Ausdruck. Nicht alle körperlichen Symptome sind jedoch das Ergebnis von Stress.

8. Vorschulkinder lernen soziales Verhalten. Setzen Sie Grenzen, aber heben Sie auch das positive Verhalten hervor. Bringen Sie Ihrem Kind bei, fürsorglich zu sein, anderen zu helfen und zu kooperieren.

9. Lügen und Übertreibungen sind normal bei Vorschulkindern. Überreagieren Sie nicht bei Lügen.

10. Wenn Ihr Kind bedroht oder physisch bzw. psychisch terrorisiert wird, muss das Kind lernen, welche Möglichkeiten es hat, mit dem aggressiven Kind umzugehen. Wenn Ihr Kind aggressiv ist, verstehen Sie das Ziel, das durch das Verhalten angestrebt wird. Helfen Sie Ihrem Kind, dieses Ziel auf akzeptable Weise zu erreichen.

11. Beginnen Sie mit dem Sauberkeitstraining nicht vor Vollendung des zweiten Lebensjahres Ihres Kindes. Seien Sie geduldig – diese Phase braucht Zeit. Achten Sie auf die Eigeninitiative des Kindes.

12. Feste Schlafenszeiten und ein regelmäßiges, angenehmes Ritual zur Schlafenszeit haben einen positiven Einfluss auf das Verhalten des Kindes.

13. Lassen Sie die Essenzeiten nicht zu einem Machtkampf zwischen Ihnen und Ihrem Kind werden.

Literaturhinweise

Antoch, Robert F.: Beziehung und seelische Gesundheit. Frankfurt/M. 1994

Badinter, Elisabeth: Die Mutterliebe. Geschichte eines Gefühls vom 17. Jahrhundert bis heute. München 1996

Bergmann, Wolfgang: Die Kunst der Elternliebe. Weinheim, Basel 2006

Bergmann, Wolfgang: Gute Autorität. Grundsätze einer zeitgemäßen Erziehung. Weinheim, Basel 2006

Brazelton, T. Berry/Greenspan, Stanley I.: Die sieben Grundbedürfnisse von Kindern. Was jedes Kind braucht, um gesund aufzuwachsen, gut zu lernen und glücklich zu sein. Weinheim, Basel 2002

Corkille Briggs, Dorothy: Selbstvertrauen wirkt Wunder. Freiburg 1993

Dinkmeyer, Don/Dreikurs, Rudolf: Ermutigung als Lernhilfe. Stuttgart 2004

Dornes, Martin: Der kompetente Säugling. Frankfurt/M. 1993

Dreikurs, Rudolf: Ermutigung an jedem Tag. Zuversicht für Eltern und Kinder. Freiburg 2002

Dreikurs, Rudolf: Familienrat. Der Weg zu einem glücklichen Zusammenleben von Eltern und Kindern. Stuttgart 2003

Dreikurs, Rudolf/Blumenthal, Erik: Eltern und Kinder – Freunde oder Feinde? Stuttgart 2001

Dreikurs, Rudolf/Gould, Shirley/Corsini, Raymond J.: Familienrat. Der Weg zu einem glücklichen Zusammenleben von Eltern und Kindern. Stuttgart 2005

Dreikurs, Rudolf/Grey, Loren: Kinder lernen aus den Folgen. Wie man sich Schimpfen und Strafen sparen kann. Freiburg 2000

Dreikurs, Rudolf/Stoltz, Vicki: Kinder fordern uns heraus. Wie erziehen wir sie zeitgemäß? Stuttgart 2006

Fassbender, Ursula/Schumacher, Holger: Starke Kinder wehren sich. Prävention gegen Gewalt: Das Kindersicherheitstraining. München 2004

Friedrich, Max H.: Kinder ins Leben begleiten. Vorbeugen statt Therapie. Wien 2003

Goleman, Daniel: Emotionale Intelligenz. München 1997

Gordon, Thomas: Familienkonferenz. München 1998

Gottman, John M.: Kinder brauchen emotionale Intelligenz. München 1997

Gruhn, Wilfried: Kinder brauchen Musik. Musikalität bei kleinen Kindern entfalten und fördern. Weinheim, Basel 2003

Haas, Werner: Der alltägliche Erziehungskampf. Reinbek 1992

Haas, Werner: Eltern setzt Euch durch! Keine unnötigen Machtkämpfe mehr. Freiburg 2001

Haug-Schnabel, Gabriele: Wie Kinder sauber werden können. Ratingen 2002

Hüther, Gerald: Bedienungsanleitung für ein menschliches Gehirn. Göttingen 2001

Hurrelmann, Klaus: Familienstress, Schulstress, Freizeitstress. Weinheim, Basel 1999

Hurrelmann, Klaus/Unverzagt, Gerlinde: Kinder stark machen für das Leben. Herzenswärme, Freiräume, klare Regeln. Freiburg 2000

Juul, Jesper: Das kompetente Kind. Reinbek 2003

Juul, Jesper: Was gibt?s heute? Gemeinsam Essen macht Familie stark. Weinheim, Basel

Juul, Jesper/Jensen, Helle: Vom Gehorsam zur Verantwortung. Für eine neue Erziehungskultur. Weinheim, Basel 2005

Kast, Verena: Loslassen und sich selber finden. Freiburg i. Br. 1991

Largo, Remo: Babyjahre, Entwicklung und Erziehung in den ersten vier Jahren. München 2017

Lauth, Gerhard W./Schlottke, Peter F./Naumann, Kerstin: Rastlose Kinder, ratlose Eltern. Hilfen bei Überaktivität und Aufmerksamkeitsstörungen. München 2002

Neumann, Ursula: Lass mich Wurzeln schlagen in der Welt. Von den seelischen Bedürfnissen unserer Kleinsten. München 2004

Nitsch, Cornelia: 100 Wege, meinem Kind zu zeigen: ICH HAB DICH LIEB. Hamburg 2000

Pfaffenberger, Renate, Schattanik, Michael: Kindererziehung im Alltag leichter gemacht. Oldenburg 1998

Pfeifer, Annemarie: Mütter sind nicht immer schuld, Wuppertal und Zürich 1996

Pikler, Emmi: Lasst mir Zeit. München 2001

Pikler, Emmi: Friedliche Babys – zufriedene Mütter. Pädagogische Ratschläge einer Kinderärztin. Freiburg 1982

Rogge, Jan-Uwe: Kinder brauchen Grenzen. Hamburg 2001

Rotthaus, Wilhelm: Wozu erziehen? Entwurf einer systemischen Erziehung. Heidelberg 2002

Rufo, Marcel/Schilte, Christine: Geschwisterliebe, Geschwisterhass. Die prägendste Beziehung unserer Kindheit. München 2005 (2. Auflage)

Schoenaker, Theo: Mut tut gut. Das Encouraging-Training. Sinntal 2004

Schoenaker, Theo: Sich als Eltern gut fühlen. Ein Brief. Sinntal 2002

Schoenaker, Theo/Schoenaker, Julitta/Platt, John M.: Die Kunst, als Familie zu leben. Ein Erziehungsratgeber nach Rudolf Dreikurs. Stuttgart 2006

Veith, Peter: Jedes Kind braucht seinen Platz. Geschwister in der Familie. Freiburg 2000

Veith, Peter: Ohne Fäuste geht es auch. Freiburg 2001

Wahlgren, Anna: Das KinderBuch. Wie kleine Menschen groß werden. Weinheim, Basel 2004

Wahlgren, Anna: Kleine Kinder brauchen uns. Weinheim, Basel 2006

Winnicott, D.W., Reifungsprozesse und fördernde Umwelt, Frankfurt/M. 1984

Wyrwa, Holger: Damit unsere Kinder eine Zukunft haben. 21 Erziehungsstrategien für das 21. Jahrhundert. Stuttgart 2001

Register